「読む」からはじめる
日本語会話
ワークブック

吉川達　森勇樹　二口和紀子　佐藤淳子　佐々木良造　門倉正美

アルク

はじめに

　もし小学生から急に「普通って何?」と聞かれたら、皆さんはすぐに答えられますか。

　日本語で「普通」と表現されるような概念は、文化や言語を問わず、世界中どこにでもあるはずです。しかし、それを深く考えて、言葉にすることは簡単なことではありません。本書は、「普通」や「ルール」、「大人」など、誰にとっても初めてではないけれど、生きていく中で大切なテーマについて考えて、日本語で伝えたり、共有したり、議論したりすることを目的としているテキストです。

　情報技術が普及しつつある今、表面的な情報はすぐ手に入りますし、自分の母語を日本語に翻訳することも、簡単にできます。それでも学習者が日本語を勉強しようと思うのは、日本語を使って誰かと交流したり、自分の考えを日本語で話したりしたいと思うからではないでしょうか。

　本書を使った学習者の皆さんが、自分の思いや意見を再発見し、思考を深め、今より1レベル上の日本語でコミュニケーションできるようになることを期待しています。

著者一同

本書の特長

　本書は、普遍的なテーマについて深く取り組めるように、以下のような工夫をしました。

●話す前にストーリーを読んで、考えを活性化できる

　急にテーマを与えられて「どう思う?」と聞かれても、すぐに自分の考えを整理して伝えられるわけではありません。そこで本書は、各課のテーマに沿った短い物語(以下、ストーリー_{ショートストーリー})を用意しました。ストーリーは各課3話ずつあり、異なる視点・内容になっているので、読んだ時に「私だったらこうする」「私は今までこんな経験をした」と感じる何かが見つかるはずです。ストーリーを読むことによってテーマに関する思考が刺激され、その後に行う「話す活動」の材料となります。

●タスクで考えを深めて、より充実した話し合いができる

　ストーリーに関するタスクは、どれもテーマについてより深く考えたり、自分の考え／意見を振り返ったりできるように考えられています。タスクに必要な語彙や表現を学習者自身が考え、調べることで、今より1レベル上の日本語力が身に付きます。

●レベルや状況に合わせて、使い方を調節できる

　本書は、初級を修了した人であれば取り組めるように、日本語能力試験N3レベルの日本語で構成されています。一方上限はないので、上級クラスや日本人学生と留学生の共修のクラスでも使用できます。また、「話してみよう」から「+α」のタスクまでは、全てを順番にしなければならないわけではありません。日本語レベルや使用できる回数、時間の長さに合わせて、必要な部分のみを選んでご利用ください。

●自分だけの語彙ノートが作れる

　ストーリーのページの左右には語彙や表現を記録するメモ欄があります。持っている語彙量や自分の考えを述べるために必要な語彙は人によって違います。自分にとって必要な語彙や表現を書き出すノートとして使い、+αのタスクで新しく学んだ日本語をまとめれば、自分だけの語彙ノートが作れます。

●CEFR B2 レベルの運用を目指せる

　本書で扱うテーマの内容からすると、タスクのアウトプット、及び充実したやり取りの実現にはCEFR B2レベルの日本語力が必要になると思われます。そのため、本書のタスクはそのレベルを目指すCEFR B1レベルの日本語力がある人を想定しています。しかし、もちろん教師側のサポートや授業の進め方によっては、他のレベルであっても十分お使いいただけます。

本書の使い方と各課の構成

各課の構成と主に想定している使い方は、以下の通りです。

Step 0 話してみよう

テーマについて考えるための、簡単なプレタスクが用意されています。プレタスクを通じて、テーマについて日本語で考える準備をしましょう。

Step 1 ショートストーリー×3話

各テーマについて、異なる視点から書かれた、三つのストーリーを読みます。それぞれのストーリーは、課ごとのテーマについて考えるきっかけとなる内容です。ストーリーを読んで、自分の体験を思い出したり、自分だったらどうするか考えてみたりしましょう。読む時に調べた語彙や表現はメモ欄に書いておいて、後で整理してください。

Step 2 「話す」ためのタスク×4

ストーリーを読んだら、グループやペアで四つのタスクに挑戦します（3人グループが理想的です）。

タスク❶ 内容を確認しよう

各ストーリーの内容を簡単に確認します。読むことは宿題にすることを想定していますが、タスク①でストーリーの内容をつかむことで、読んでこなかった人もタスク②以降の話し合いに参加できます。

タスク❷ 自分語りをしよう

そのテーマを自分ごととして捉えるために、自分の経験や考えを振り返り、話します。基本的には三つのストーリーに対応するように三つの質問を設けてあります。三つの質問を一斉に話し合ってもいいですし、5分ごとに一つずつ質問を進めていくなど時間を区切ってもかまいません。状況にあわせて話し合う質問を減らしたり、質問を加えたりしてください。

タスク❸ もっと深く話そう

　テーマについて一歩引いた視点からより深く考え、それを言語化します。なかなか意見や言いたいことがまとまらないときは、付箋を使って考えたことを一つ一つ書き出していくと、話し合いがスムーズに進みます。

タスク❹ まとめよう

　それまでに話し合ったことをもとにして自分の考えを整理し、短い言葉で表現します。自分なりのかっこいい表現を考えてみましょう。どうしてその表現を思い付いたか説明を加えると、聞いている人もよく理解してくれるでしょう。また、面白いものはどんどん他の人に紹介してください。

+α のタスク

　テーマについてさらに掘り下げ、まとめます。インターネットで情報を探したり、友達や家族にインタビューをしたりしてわかったことをまとめれば、テーマについてより深く知ることができます。時間がかかるので宿題にすることを想定していますが、授業の進行に余裕があるときに部分的に行うことも可能です。まとめた情報を他の人に伝えることでアウトプット力も向上しますし、学んだ語彙をマップにまとめることで、後から振り返れるオリジナルの語彙ノートにもなるでしょう。

多読情報サイト「たどくのひろば」について

　本書のストーリーはN3レベルの日本語で書かれた多読素材としてもご利用いただけます。著者陣が中心となって運営している「たどくのひろば」では、多くのオリジナルストーリーを公開していますので、ぜひお時間がある時にチェックしてみてください。読みやすくて面白い読み物がたくさんあります。
　また、本書の各テーマについて、さらに多角的に見るための情報や、本書に掲載していないテーマも掲載しています。ぜひご利用ください。

https://tadoku.info/

本書を使う先生へ

　本書を使う際に最も意識していただきたいのは、本書が「説明する」「相談する（話し合う）」「発表する」といったさまざまなスタイルの話す練習をするための教材だということです。各課のストーリーは、N3レベルの日本語で書かれているのですぐに読むことができます。しかし、これはテーマについて自分なりの意見や考えを活性化させるきっかけとして先に読んでおくことを想定していますので、「ストーリーを全て細かく読んでいたら授業が終わってしまった」ということにならないように気を付けてください。また、本書はタスクを通じて学習者が自身の経験や意見を表出する機会が多いですが、話したくない話題について無理に話させたり、極度な自己開示を強いたりすることがないように配慮してください。

　本書は、90分で1課を行うことを想定しています。テーマは、後半に進むにつれて抽象度が高いものになっていますが、モジュール型教材としても使用できます。学習者の興味や関心によって取り上げるテーマを自由に選んでお使いください。

授業の進め方の例①　日本語学校の場合（45分～50分×2）

前の授業の終わりの10分程度

　話してみよう

　テーマについて話題を投げかける。　●宿題：三つのストーリーを読む。

授業1

　タスク**❶** 簡単に読み物の内容を確認する。

　タスク**❷** 自分の考えや経験を語る。

　タスク**❸** 抽象化してより深く話す。　●宿題：タスク**❹**　名言を考える。

　+α のタスク1つ目（他の人に聞こう、探そう　など）をする。

授業2

　タスク**❹** 名言をグループやクラスで紹介する。

　　+α のタスク1つ目でわかったことなどをクラスで紹介する。

　　+α のタスク2つ目の「語彙マップ」を作って共有する。

前の授業の終わりの10分程度

話してみよう

テーマについて話題を投げかける。 ●宿題：三つのストーリーを読む。

授業

タスク❶ 簡単に読み物の内容を確認する。

タスク❷ 自分の考えや経験を語る。

タスク❸ 抽象化してより深く話す。

タスク❹ 名言を考え、グループやクラスで紹介する。

●宿題：+α のタスクをする。

ダウンロード特典

「授業のポイント＆アドバイス」について

本書のストーリーやタスクのポイントをまとめた
「授業のポイント＆アドバイス」をアルクダウンロードセンターから
ダウンロードしてお使いいただけます。
本書を120％活用できるように、ぜひ授業の前にお読みください。

●ダウンロードの方法

①アルクダウンロードセンターの本書コンテンツにアクセス

https://portal-dlc.alc.co.jp/dl/7024025

②「ダウンロード」を押して、PDFファイルをダウンロード

※PDFのビューアーはご自身でご用意ください。

目次
もくじ

第1課 ルール

話してみよう

あなたが今までに経験した変なルールや納得できないルールは何ですか。

「ルール」のショートストーリー

- スカートで反対運動
- 茶道のお稽古
- ルールのない町

〜学んだ言葉や表現をメモしましょう〜

スカートで反対運動

　僕の中学校には、「男子生徒は全員丸坊主にしなければならない」というルールがあった。丸坊主とは、ひげをそるみたいに、髪の毛を短くすることだ。小学校を卒業する少し前の日曜日、僕は悲しい気持ちで床屋へ行った。そして、暗い声で「丸坊主にしてください」とお願いした。髪を切り終わって、初めて見る自分の丸坊主の頭は、お寺にいる[1]お坊さんの頭と同じだった。

　「こんなルール、ばかみたいだ」。そう思っていたのは僕だけではなかった。中学校に入ってから2回目の春、その時の同級生だったクラスのリーダーを中心に、学校中で丸坊主への反対運動が始まった。そして、最後には先生たちと生徒たちを集めた話し合いまで行ったのだ。

　その時の先生の顔をよく覚えている。このルールに意味がないことや、髪型を変えても生徒の生活態度は変わらないことなどを僕らが一生懸命説明しても、先生たちの顔は少しも変わらなかった。その顔は、声には出さずに、このようなメッセージを僕らに伝え続けた。
「うん、君たちの気持ちはわかるよ。でもね、ルールだから、仕方ないんだ。まあ、君たちはまだ子どもだからわからないだろうけどね」
その時、大人はずるいと思った。

　でも、こんな大人たちに対して、面白い反対運動を行い、成功した生徒たちもいる。それは、イギリスの学校に通う男子生徒たちだった。イスカアカデミーという学校に通っている男子生徒たちは、毎年夏になると、このような文句を言った。
「こんなに暑いのに、どうして僕らは[2]半ズボンをはいちゃいけないんだ！」

1）**お坊さん**：仏教（ぶっきょう）を信じてお寺（てら）に住んで働いている人
2）**半ズボン**：長さがひざぐらいまでしかないズボン。それに対して、足首まで長さがあるズボンを「長ズボン」という

　この学校では、女子生徒は長ズボンとスカートの二つから自由に選ぶことができたが、男子生徒には長ズボンしかなかった。先生たちに文句を言っても、「学校のルールがそうなっているから」という説明しかされなかった。僕の中学校の先生たちと同じだ。

　でも、面白いのは、この男子生徒たちの反対運動のやり方だった。それは、女子生徒たちにスカートを借りて、男子生徒みんなでスカートをはいて学校に行くというものだった。このニュースはSNSで世界中に広がって、最後には学校はルールを変えなければならなくなった。このニュースを知った時、僕はとてもすっきりした気持ちになった。

　ところで、僕の中学校は、僕が大学に入ったころに、あの丸坊主のルールを突然変えた。その理由は「他の学校もルールを変えたから」だった。ばかなルールを変えるために、先に周りが変わるまで待つ。そんな態度の方がばかみたいだと、大学生の僕は思った。

茶道のお稽古

　私が茶道を習い始めたのは、今から10年ぐらい前のことだ。茶道に興味があった私は、友達に茶道教室を紹介してもらったのだ。初めて茶道教室に行った日を今でもよく覚えている。

　茶道の練習は「お稽古」と呼ばれる。お稽古は月に2回あった。最初の3カ月ぐらいは、ただ他の生徒たちが[1]お茶を点てているのを見ているだけだった。そして、その3カ月の間、私が練習したのは「お茶の飲み方」だった。

　茶道を経験したことがある人はわかると思うが、茶道にはただお茶を飲むだけのことにもルールがある。まず、お茶を点ててくれる人が、お茶が入った茶碗を畳の上に置く。次に、私は立ち上がって、その茶碗を取りに行く。茶碗を手に持ったら、自分の席まで戻って座る。それからお茶を飲む。ただ、それだけだ。とても簡単そうだが、実はそうではない。まず、自分の席から立つときに、右足と左足のどちらから立つかというルールがある。それから、どちらの足から次の畳へと入っていくか、茶碗を手に持つ

1）**お茶を点てる**：茶道（さどう）で茶碗（ちゃわん）に抹茶（まっちゃ）とお湯（ゆ）を入れて、おいしく飲めるように混（ま）ぜること

ときにどこに座るか、²⁾Uターンして自分の席に戻るときに左と右のどちら回りで向きを変えるか、また、自分の席がある畳に入るときは、どちらの足から入るかなど、たったこれだけの行動にも、たくさんの細かいルールがあった。赤ちゃんではないのだから、歩き方ぐらい知っていると思っていた私は、いつも右足か左足か、どちらかわからなくなって、動けなくなり、先生に叱られた。

　教室に入ってから3カ月後に、私はやっとお茶の点て方を教えてもらうことになった。どれもこれもお茶の飲み方以上に複雑なルールの連続だった。自分がお茶を点てるようになって、私は教室の他の生徒たちのお茶の点て方をよく観察するようになった。面白いのは、みんな同じことをしているのに、全然違って見えることだった。それぞれの人にそれぞれの特徴があった。そんな時、お茶の先生が小さな声で言った。「面白いわね、同じことを同じように皆さんに教えているのだけれど、みんな少しずつ違うのよね」。

　あれから10年、教室と先生は変わったが、まだ茶道を続けている。いろいろなルールにも慣れて、その通りにできることも多くなった。そして、そんなルールだらけの茶道のお稽古の場所で、なぜか私は自由を感じている。

2）Uターンする：アルファベットの「U」を書くように、今自分がいる場所から一度離（はな）れて、それからまたその場所に戻ること

ルールのない町

　ある朝起きたら、僕の町は「ルールのない町」になっていた。

　僕はいつも通り、簡単な朝ごはんを食べて、スーツに着替えて、家を出た。車は好きな場所を好きなように走っていたし、人も好きな場所で好きなように歩いたり踊ったり眠ったりごはんを食べたりしていた。もちろん、ごみは好きなところに捨てていいし、喉が乾いたらお店から飲み物を盗めばいい。

　つまり、いつ、どこで、何をしても、誰にも怒られない。

　いつも仕事に行く時に寄るコンビニには、商品がほとんどなかった。きっと、みんなが好きなものを盗んでいったんだろう。店員さんに「商品が盗まれて、大変ですね」と声をかけると、店員さんは「大丈夫ですよ、私も他の店から盗んできますから」と答えた。

　そうか、みんながお互いのものを盗み合えば、誰も困らないのかもしれない。僕も何かを盗まれるかもしれないけど、好きなものを盗めばいいんだ。

　僕は、新しい時計が欲しかったことを思い出して、時計屋に行った。僕が欲しかった時計はガラスケースの中に入っていた。僕は、まず近くにあった石で、そのケースを壊した。とても大きな音がしたから、周りにいた人たちも近づいてきた。ケースの中には、いろいろな時計があって、みんなはそれぞれ欲しい時計を盗もうとした。

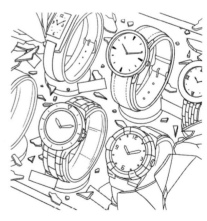

「私はこのきらきらの時計が欲しい」

「僕はこのかっこいいやつ」

「私はこれにする。うちの子どもが喜びそうだわ」

僕も欲しかった時計に手を伸ばした。その時、ある人が「おい、その時計は俺のものだ」と言った。そして、またある人も「ねえ、私もその時計、ずっと前から欲しかったの」と言った。他の人たちも「あ、その時計、すてきだね、僕も欲しいな」「私も」「俺も」と、次々にその時計の近くに集まってきた。

　その時、誰かが言った。

「じゃんけんで決めよう」

別の誰かが言った。

「じゃんけんにはルールがある。この町の人はみんな、ルールなんか守らない」

「じゃあ、けんかで決めよう。勝ったやつがこの時計を盗める」

「勝ったやつが盗めるっていうルールを、誰が守るんだ?」

僕は大きな声で言った。

「僕が最初にここに来て、ケースを壊したんだ。だから、この時計は僕のものだ」

誰かがもっと大きな声で言った。

「最初に来たやつが盗めるなんていうルールはない」

「じゃあ、どうやって決めたらいいんだ?」

　みんなが大きな声で話し合っていた。僕は、[1)]とっさにその時計をつかんで、できるだけ速く走って逃げ出した。背中から「おーい!」「[2)]どろぼう!」「ずるいぞ!」という声が聞こえたけど、声はどんどん小さくなって、そして、消えた。

　ルールのない町。誰もルールを守らない町。僕は、何も悪いことはしていない。みんなやっていることなんだ。

---

1) とっさに:よく考えないですぐに

2) どろぼう:ものを盗んだ人

タスク ❶ 内容を確認しよう 🗣

ショートストーリーの内容を1人一つずつ短く話してみましょう。

タスク ❷ 自分語りをしよう 🗣🗣

次の1）～3）について、まずは自分で考えてみましょう。それから他の人と話し合ってみましょう。

1）「男子生徒は全員丸坊主にしなければならない」（p.10）というようなルールは、何のためにあると思いますか。

2）ルールがあるから楽しめることは何ですか。

3）もし、今住んでいる町が突然「ルールのない町」になったら、どんな一日を過ごしますか。

タスク❸ もっと深く話そう

次のテーマについて他の人と話し合ってみましょう。

テーマ：ルールのない町に必要なルールは何だと思いますか。

〈自分の考え〉

〈他の人の考え〉

タスク❹ まとめよう

「ルール」とは何かを説明する名言（かっこいい文）を考えてみましょう。

ルールとは、

★名言をクラスで紹介しましょう。なぜそのような名言になったのかも説明しましょう。

+α 調べよう

世界の変なルールを調べてみましょう。昔のものでも、どこの国・地域のものでもいいです。

いつ・どこで：

ルールの内容：

ルールの目的：

+α 新しい言葉をまとめよう

「ルール」で自分が勉強した言葉をマップにしてみましょう。

私の「ルール」語彙マップ

ルール

第2課 見た目

話してみよう

あなたはAとB、どちらの人と一緒に仕事をしたいですか。
それはどうしてですか。

A

B

「見た目」のショートストーリー

- 美人は誰?
- 私の買い物
- オーディション

~学んだ言葉や表現をメモしましょう~

美人は誰？

　新聞で、面白い記事を見つけました。ヨーロッパの有名ブランドが中国で広告を出したのですが、その広告が大きな問題になってしまったという記事です。結果的にそのブランドは、中国の人々から[1]ボイコットされて、広告は大失敗だったということです。問題になったのは広告の中のモデルです。

　どんなモデルだったのだろう。私はすごく気になって、すぐにインターネットで調べました。すると、肌の色が白くない、鼻も高くない、そして目が細い女性の顔が出てきました。私はすぐに「え、この人がモデル？」と思いました。私が思う美人とは全然違うタイプの女性だったからです。

　中国では、このようなモデルを広告に使うブランドは、アジア人に対して[2]ステレオタイプの考えを持っていて失礼だという意見が多かったようです。それが、ブランドに対するボイコットの理由でしょう。

　他の記事によると、このような事件が続いた後、ある中国の会社は広告のやり方を変えて、少しずつ目の大きさが違う3人のモデルを使っているとのことです。その会社の人は「自分たちのような小さな会社は、広告で絶対に失敗できないのですが、今の中国でどんなモデルなら許されるのか、よくわからないのです」と話しているそうです。

　「なるほど」と私は思いました。でも、そのモデルの人たちが少しかわいそうだなと思う気持ちも出てきました。もう一度、モデルの写真を見てみました。よく見ると、とてもすてきで、きれいな女性です。私たちの生活の中であれば、「すごくきれいな人だね」と答える人もたくさんいるでしょう。

　私たちが「美人」と思う人たちは、テレビの中や街の中にたくさんいます。化粧品の広告を見ればよくわかります。額は広すぎず、目は大きく、眉はとてもきれいな形をしていて、肌の色は雪のよ

1）**ボイコット**：政治的、社会的な理由のために、ある会社の商品やサービスをみんなで買わないようにする活動

2）**ステレオタイプ**：多くの人が持っている、あるグループに対しての強いイメージ。実際はそうではないことが多い。例えば、「男性は仕事、女性は家事・育児（いくじ）に向いている」「日本人はまじめだ」など

メモ

うに白い人たちがほとんどです。こうしたイメージによって、私の持つ「美人」のイメージも出来上がったのかもしれないと思いました。

　例えば、デパートの化粧品売り場には、アジア人がモデルとして使われている広告も少しはありますが、西洋人のモデルがほとんどです。目は青くて、肌の色は白くて、金髪の女性モデルたちを見て、私は「ああ、美人だな」とすぐに思ってしまいます。

　3)人種や肌の色で、「美人」のイメージを決めてしまわないためにも、さまざまな人種や肌の色や顔の形のモデルを広告に使う必要があるかもしれません。実際に、最近では、多くのブランドの広告で、モデルの4)多様性が見られるようになりました。

　それでも、私たちの中にある「美人」のイメージを変えていくには、もう少し時間がかかるかもしれません。記事の中で、問題になった広告の中国人モデルは、インターネットでこんな意見を言ったと紹介されていました。「私は目が細いから、モデルにはなれないのでしょうか。私は生まれた時から、この顔です。それは中国の人々に対して、失礼なことになるのでしょうか」。

3）人種：人を同じような肌（はだ）の色などで分けたグループ。よく使われる人種のグループには「白人（白色人種）」「黄人（黄色人種）」「黒人（黒色人種）」などがある

4）多様性：いろいろな種類や形のものがあること

私の買い物

私は27歳の会社員です。

　毎週日曜日、料理の材料を買うために、うちから少し離れたスーパーに行きます。今日も買い物をしようと思って、スーパーに向かいました。途中の八百屋に安いキュウリがありました。見てみると、それは曲がっているキュウリでした。私は「キュウリはスーパーよりここの方が安そうだな。キュウリは帰りにここで買おう」と思いました。

　スーパーに行くと、100円のチョコレートが50円になっていました。「どうして安くなっているんだろう」と思って、理由を見ると「パッケージのデザイン変更のため」と書いてありました。「新しいデザインのチョコレートも、古いデザインのチョコレートも、味は同じだから安いのがいいな」と思って、古いデザインのチョコレートにしました。

　スーパーの野菜売り場にキュウリがありました。キュウリは帰りにうちの近くの八百屋で買おうと思っていましたが、スーパーのキュウリは真っすぐできれいなキュウリでした。こっちの方がおいしそうだったので、やっぱりスーパーでキュウリを買うことにしました。

　野菜売り場にはミニトマトもありました。ミニトマトは、白いトレーに入っているのと黒いトレーに入っているのがありました。値段も大きさもほとんど同じですが、「黒は高級な感じがするし、きっとおいしいだろう」と思い、私は黒いトレーのミニトマトを選びました。

　次の日、会社の帰りに本屋に寄りました。好きな作家の新しい本が出たというニュースを見たので、それを買おうと思いました。その本は本屋の入り口の近くに置いてありました。残っているのは1冊だけでした。最後の1冊はたくさんの人が見たせいか、少し汚れていました。私はきれいな本がいいと思って、その日は買

いませんでした。代わりに、その本の隣にあった本を買いました。面白いかどうかわかりませんが、表紙がとてもかっこよかったからです。

　家に帰って、サラダを作りました。キュウリは切ってしまえば形は関係ないし、トマトはお皿の上に置いたらトレーの色なんて関係ないことに気付きました。チョコレートも箱から出して食べたので、デザインが新しくても古くても、味は同じでした。

　キュウリもミニトマトもチョコレートも、どれも見た目と味は関係がなかったなと思いました。

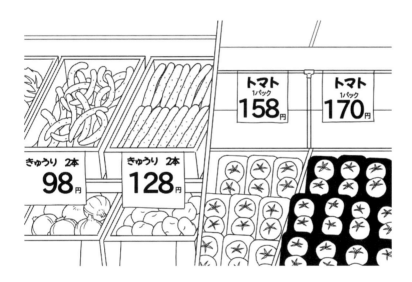

メモ

オーディション

　今日は大事な¹⁾オーディションの日だ。

　いつも日曜日は遅くまで寝ているが、今日は化粧をするために早起きをした。普段私はあまり化粧をしないので、するときには時間がかかる。普段しないのは、化粧をすると自然な自分じゃないと思うし、上手にできなかったら一日中気持ちが下がるからだ。早起きして化粧するぐらいなら、その時間寝ていたい。

　化粧をする理由は人それぞれで、昔の人は、目に見えない悪いものが口や目から入ってこないように、化粧をしていたらしい。また、身分の高さを表すために化粧をしていた時代もあったそうだ。今の日本にそんな理由で化粧をする人は、ほとんどいないだろう。私の友達は化粧をしている人が多いし、男友達の中にも化粧をしている人がいる。その理由は、自分に自信を持ちたいとか、他の人から良く見られたいとか、肌の悩みを隠したいとか、肌を守るためだとか、マナーだからだとか、いろいろだ。

　今日、私が化粧をするのは、²⁾コンプレックスを隠して他の人よりも目立つためだ。私は目が小さくて、唇が薄い。友達はそんなことないと言うけれど、小さいころからそれが嫌だった。今日はそれを隠して、他の人よりも目立つために化粧をしようと思う。全ては、オーディションに合格するためだ。

1）**オーディション**：ドラマに出る人を選ぶための試験
2）**コンプレックス**：自分の顔や性格、能力などの中で、他の人よりも悪いと思ったり、苦手だと思ったりするところ

　このオーディションに合格すれば、私が小学生のころからずっと好きだった俳優と同じドラマに出られる。彼が出るテレビ番組は必ず見てきたし、いつか会ってみたいとずっと思っていた。オーディションで一般の人からドラマに出る人を選ぶという話を聞いた時は、うれしくて飛び上がりそうだった。そして、絶対に合格したいと思った。

　目と唇にしっかり化粧をして、オーディション会場へ行こう。どうか、オーディションに合格しますように。

タスク ❶ 内容を確認しよう 🗣

ショートストーリーの内容を1人一つずつ短く話してみましょう。

タスク ❷ 自分語りをしよう 🗣🗣

次の1）〜3）について、まずは自分で考えてみましょう。それから他の人と話し合ってみましょう。

1）あなたにとって「美しい人」とは、どういう人ですか。具体的な有名人の名前を出してもかまいません。

2）次のa〜eを選ぶとき、あなたは見た目を重視しますか。その理由やどのくらい重視するかも話してみましょう。

a. 友達　　　b. 恋人　　　c. 結婚相手　　　　d. 野菜や果物の形
e. お菓子（自分用／プレゼント用）

3）次の場面であなたが自分の見た目に気を付ける順に順位を付けてみましょう。

・学校に行くとき　　　　　　　　　[　　　]
・近所のコンビニに行くとき　　　　[　　　]
・デートに行くとき　　　　　　　　[　　　]
・友達の家に行くとき　　　　　　　[　　　]
・仕事（アルバイト）に行くとき　　[　　　]
・面接に行くとき　　　　　　　　　[　　　]

タスク❸ もっと深く話そう

次のテーマについて他の人と話し合ってみましょう。

テーマ：物／人を見て、その見た目を気にする時はどんな時ですか。また、自分の見た目を良く見せたい時はどんな時ですか。その条件や、判断のポイントについて話してください。

〈自分の考え〉

〈他の人の考え〉

タスク❹ まとめよう

「見た目」とは何かを説明する名言（かっこいい文）を考えてみましょう。

見た目とは、

★名言をクラスで紹介しましょう。なぜそのような名言になったのかも説明しましょう。

+α 探そう

広告にはどんなモデルが使われていますか。いろいろなポスターやチラシを集めて紹介してみましょう。

+α 新しい言葉をまとめよう

「見た目」で自分が勉強した言葉をマップにしてみましょう。

私の「見た目」語彙マップ

見た目

第3課 お金

将来あなたが「成功した」と思えるのは、どんな時だと思いますか。

「お金」のショートストーリー

- 学校帰りのジュース
- お金と幸せの関係
- お金のパワー

〜学んだ言葉や表現をメモしましょう〜

学校帰りのジュース

　俺とタカシは、同じ高校のクラスメートだ。先週、学校の帰りに俺はタカシに100円を貸した。タカシがジュースを買おうとしたが、お金がなかったのだ。タカシは「ありがとう、明日返すよ」と言ってコーラを買った。

　次の日の朝、タカシは「おはよう！　昨日のテレビ見た？」と話しかけてきた。俺はすぐに100円を返してくれると思っていたが、その時タカシは100円のことを何も言わなかった。「朝から金の話をするのも嫌だな」と思って、俺も何も言わなかった。その後も何回かタカシと話したが、タカシは100円のことを何も言わなかった。俺も「まあ、部活が終わってから返してくれるんだろう」と思って、あまり考えないようにした。

　それから1週間がたった。タカシはまだ100円を返してくれない。俺は週末にアルバイトをしていて、毎月2万円ぐらい給料がもらえる。だから、100円を返してもらわなくても困らない。1万円を返してくれなかったら、俺もすぐに言うかもしれないけれど、貸したのはたった100円だ。100円ではパンも買えない。少ない金額なんだけれど、貸した100円のことが頭から離れない。

　そういえば、アルバイトの先輩ともこんなことがあった。先月、アルバイトの先輩と仕事が終わってからラーメンの店に行った。いつもは先輩がおごってくれるけれど、その日は給料日の前で先輩もお金がなさそうだった。だから、「今日は自分の分は、自分で払いますよ」と言って、俺は先輩に[1]1,000円札を渡した。その店はいつも混んでいるから、一緒に来た人たちはまとめてお金を払わなければならない。先輩は「おう、そうか」と言って俺の1,000円札を受け取って、レジに向かった。俺が食べたスペシャルラーメンは950円で、先輩が食べた普通のラーメンは800円だった。俺は先に店を出て、外で先輩を待っていた。会計が終わって店を出てきた先輩は「けっこう、おいしかったな」と言いなが

1）1,000円札：1,000円の紙のお金

ら駅の方に歩き始めた。そして駅に着くと「じゃ、また明日」と言って帰っていった。俺は「お釣りをください」と言えないまま、先輩の背中を見送った。

　タカシに貸した100円とか、ラーメンのお釣りの50円とか、俺は小さいことに悩みすぎだろうか。そんなことに悩まなくていいぐらい、将来金持ちになりたい。どうやったら金持ちになれるんだろうかと考えていたら、中学の同級生の山田からSNSのメッセージが届いた。山田とは中学を卒業してから一度も会っていない。何だろうと思ってメッセージを開いた。

　「申し訳ないんだけど、中学2年で同じクラスになった時に貸した200円、そろそろ返してくれない?」

お金と幸せの関係

「自転車に乗って幸せになるよりも、ロールスロイスのような高級車に乗って不幸せの方がいいわ」　パトリーチア・レジアーニ

　これは、ある大金持ちの女性の言葉です。彼女のこの言葉に、賛成する人もいれば、全く賛成できない人もいるでしょう。

　お金と幸せの関係について考えるとき、よくこんな質問をする人がいます。
　「じゃ、あなたは、お金があれば、幸せになれると思っているんですか」

　お金で幸せは買えると思うか。この質問について、研究をした人がいます。2010年に、カーネマンとディートンという研究者が「幸せのレベルは、収入とともに上がるが、1年間の収入が75,000ドルを超えたら、幸せのレベルはそれ以上は上がらない」という研究結果を発表しています。
　しかし2021年にキリングワークスという研究者が行った研究では、収入が上がれば上がるほど幸せのレベルは上がり、75,000ドルを超えても上がり続けることがわかりました。
　どちらの結果が正しいでしょうか。
　それを確かめるために、カーネマンとキリングワークスは一緒に調査をしました。その調査では、まず調査される人を「幸せを強く感じている人」から「あまり幸せを感じていない人」まで、幸せのレベルによって五つのグループに分けました。そして、収入とともに幸せな気持ちが大きくなるか調べました。その結果、どのグループの人たちも、収入が上がれば上がるほど幸せな気持ちが大きくなっていくことがわかりました。ところが、その中で「あまり幸せを感じていないグループ」の人たちは、収入が100,000

ドルぐらいになると幸せな気持ちはそれ以上大きくならなくなりました。一方、それ以外のグループの人たちは、100,000ドルという高い収入を超えても幸せな気持ちが続けて大きくなっていったとのことです。

　以上の研究結果から、ほとんどの人はたくさんのお金を持てば持つほど、幸せになれると言えそうです。実際に、私たちが欲しいものを考えてみても、ほとんどはお金で買えるものではないでしょうか。

　そうすると、最大の問題は「どうやってお金持ちになるか」ですね。

お金のパワー

　お金はお金が好きらしい。お金はたくさんあるところにますます集まり、ないところからはさらになくなってしまうようだ。
　ある国際的なNPOが調べたところによると、世界の金持ちトップ8人の財産の合計は、世界の全人口の半分の人たちの財産の合計と同じぐらいになるそうだ。その8人は、誰でも知っているIT企業やファッションブランドなど、世界的な大企業の[1]経営者だ。
　8人の財産の合計が、38億人の財産の合計と同じ！

　お金の集中という点でみると、現代は世界の歴史の中で最も[2]不平等な時代なのかもしれない。

　そして、お金は力を持っているので、お金の集中は力の集中でもある。ある世界的な電気自動車会社の経営者は、たった4年で世界一の金持ちになった。彼は、A国から頼まれて、自分の会社が持っている[3]衛星通信システムをその国に無料で渡した。A国は隣のB国に攻撃されて戦争状態になっていたので、通信システ

1）**経営者**：会社を経営（けいえい）する人
2）**不平等**：平等でないこと
3）**衛星通信システム**：地球の周（まわ）りを回る機械（きかい）を使って通信するシステム（system）

ムを強化する必要があったのだ。それによってＡ国の情報発信・受信力は非常に強くなった。まさにお金の力である。

　ところが、Ａ国とＢ国の戦争状態が悪くなると、電気自動車会社の経営者は、衛星通信システムをＡ国が使うことを断った。Ａ国がその衛星通信システムを使って隣のＢ国を攻撃すると、他の国々にも戦争が広がってしまうかもしれないからである。ここでも、またお金が大きな力を持ったのである。

　お金が力を持つのは、このような例だけではない。大きく見れば、世界の歴史はお金が政治を動かした歴史ともいえる。

　自分が有利になるように、力を持つ人に渡すお金を「賄賂」という。時々ニュースになる賄賂の事件を見れば、お金が政治を動かすことがよくわかる。誰が誰に賄賂を渡すのか。金持ち（多くの場合、現代では大会社）が、金持ちにとって都合のいい政治をしてもらうために、政治家に賄賂を渡すのである。

　お金はお金が好きなだけでなく、4)権力も好きなのだ。

4）権力：他の人を支配する力

タスク❶ 内容を確認しよう

ショートストーリーの内容を1人一つずつ短く話してみましょう。

タスク❷ 自分語りをしよう

次の1）～3）について、まずは自分で考えてみましょう。それから他の人と話し合ってみましょう。

1）友達が困っているとき、いくらまでお金を貸しますか。

2）『お金のパワー』（p.34）に出てきた8人のような世界トップの大金持ちになりたいですか。また、いくらお金があったら幸せだと感じると思いますか。

3）お金があるからできること、いくらお金があってもできないことは何ですか。

タスク❸ もっと深く話そう

次のテーマについて他の人と話し合ってみましょう。

テーマ：お金より大切なものは何ですか。

〈自分の考え〉

〈他の人の考え〉

タスク❹ まとめよう

「お金」とは何かを説明する名言（かっこいい文）を考えてみましょう。

> お金とは、

★名言をクラスで紹介しましょう。なぜそのような名言になったのかも説明しましょう。

+α 調べよう

あなたの国で一番のお金持ちは誰ですか。どんな人がどれくらいお金を持っているか調べて、紹介してみましょう。

> 誰：
>
>
>
> どれくらいお金持ち？：

+α 新しい言葉をまとめよう

「お金」で自分が勉強した言葉をマップにしてみましょう。

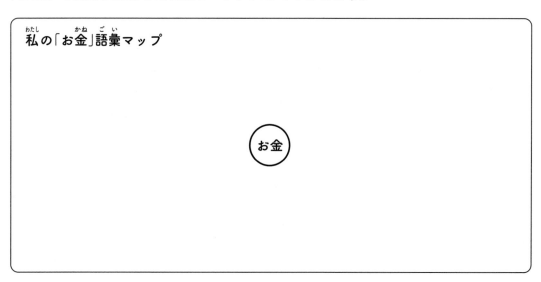

私の「お金」語彙マップ

お金

第_{だい} 4 課_か 結婚_{けっこん}

話してみよう

結婚_{けっこん}にどんなイメージを持_もっていますか。

「結婚_{けっこん}」のショートストーリー

- 結婚_{けっこん}の形_{かたち}
- 最高_{さいこう}の結婚_{けっこん}
- 結婚生活_{けっこんせいかつ}

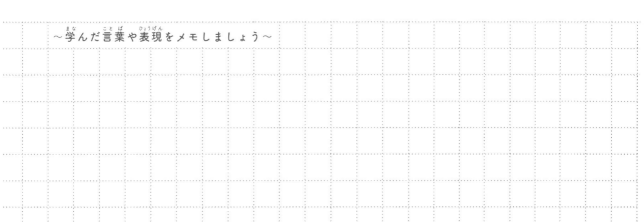

～学_{まな}んだ言葉_{ことば}や表現_{ひょうげん}をメモしましょう～

結婚の形

リ　　：キムさん、ジョンさん、マリアさん、皆さんは結婚した
　　　　いと思いますか。
キム　：結婚したいですが、できるかどうかわかりません。
ジョン：いいえ、結婚しません。私は結婚するつもりはありません。
マリア：私は今すぐ結婚したいです。

　あなたは3人の答えをどう思いますか。結婚したい人、するつ
もりがない人、まだわからない人などいろいろな人がいます。
　結婚するためにはお互いの家族を紹介したり、将来について話
し合ったりすることも必要ですが、十分なお金がもらえる仕事を
見つけたり、貯金したり、いろいろな準備をすることも必要だと
いわれます。しかし、経済の状況が良くなかったら、大学を卒業
しても仕事が見つからないかもしれません。仕事が見つからなかっ
たら貯金もできません。結婚をして2人で新しい生活を始めると
き、新しい家を買いたい人もいるでしょう。しかし、家はとても
高いので、簡単に買うことはできません。では、仕事がなかった
ら、お金がなかったら結婚できないのでしょうか。結婚できるの
は、しっかり準備できた人だけなのでしょうか。
　今は将来のことがはっきりわからない時代だといわれているの
で、結婚を 1)先延ばしにする人もいます。年齢が高くなってから
結婚することを晩婚といいます。日本ではどのくらい晩婚化が進
んでいるのでしょうか。日本の1985年の平均 2)初婚年齢は男性
28.2歳、女性25.6歳でした。2020年は男性31歳、女性29.5
歳になりました。この40年で男性は約3歳、女性は約4歳、結
婚する年齢が高くなりました。
　晩婚ではなく、自分の意志で結婚せず、1人で暮らそうという
考え方を非婚といいます。今、非婚の人が少しずつ増えているそ
うです。また、非婚ではなく、一緒に暮らすパートナーはいるけ

1）**先延ばしにする**：今はしないで、後でしようと思うこと
2）**初婚**：初めての結婚

ど[3)]婚姻届は出さないという考え方の人もいます。これを事実婚といいます。日本でも、事実婚を選択する人がいます。

　自分の意志で結婚を先延ばしにする人もいます。自分の意志で結婚しない人も事実婚を選択する人もいます。結婚について、さまざまな考え方があります。

　あなたは結婚したいと思いますか。

3）**婚姻届**：結婚するとき、市役所や区役所などに出す書類

最高の結婚

　最初の結婚はたった1年で終わってしまった。前のパートナーは仕事が忙しくて、あまり料理や掃除、洗濯など、家事をしてくれなかった。だから、仕事で疲れていても、私が家事をしなければいけなかった。家事をしても、料理の味が濃いとか、棚の下が掃除できていないとか、洗濯物の干し方が違うとか、いろいろと文句を言われた。それで、だんだん家事をする気がなくなってしまった。生活習慣の違いも¹⁾すれ違いを生んだ。朝早く起きて夜も早く寝る私と、朝遅く起きて夜も遅く寝るパートナー。週末は家でゆっくり過ごしたい私と、外で²⁾アクティブに過ごしたいパートナー。時間の使い方や趣味が合わず、一緒に生活するのは大変だった。結婚して生活を一緒にするようになると、服装や髪型も気にしなくなっていった。結婚前のデートでは、お互いにオシャレな服を着て、よく美容院へ行って髪をきれいにしていた。でも、時間がたつと、相手のために服装や髪型をきれいにしておこうと思えなくなった。そして、楽しい食事の会話がなくなり、けんかが増えていった。顔を見れば、相手を否定するようなことばかり言っていた。結婚生活の終わりごろには、無駄なエネルギーを使いたくないから、お互い相手に関心を持つのをやめて、全く話さなくなった。それで、私は心の病気になってしまった。

　もうあんなにつらくて、悲しくて、大変な経験はしたくない。もう結婚で失敗したくない。だから、2回目の結婚では、最高のパートナーを選んだ。

　再婚して、毎日、幸せだ。今のパートナーは、いつも部屋の中をきれいな状態にしてくれる。毎日、食べたいものを聞いてくれて、私が好きなものを作って食べさせてくれる。それに、朝早く起きる私に合わせて同じ時間に起きてくれるし、週末行きたいところがあれば一緒に行ってくれるし、1人で過ごしたいときは1人の時間をくれる。今のパートナーはいつも私の味方で、褒め

1）すれ違い：考えや行動が合わないこと
2）アクティブ：元気に休みなく動く様子

て支えてくれる。怒ったり、3)不機嫌になったりしないから、私も相手に優しくなれる。だから、パートナーのために、私も服装や髪型をきれいにしておこうと頑張っている。

でも、わかっている。パートナーが私を愛してくれているふりをしていること、学習して私に合わせてくれていることを。それでも、私は心が落ち着いて、幸せな人生を送っている。だから、私はこの愛を選ぶ。

再婚で選んだパートナーは、人型AIロボット。最高の結婚相手だ。

3）**不機嫌**：嫌（いや）だと感じ、悪い気分になること

結婚生活

夜中に目が覚めた。

私にはよくあることだった。どんなところでもぐっすり寝られる夫がうらやましい。

隣からは夫の寝息が聞こえてくる。夫の寝息は時々、いびきになる。それはかなり大きないびきで、そのせいで私は目が覚めてしまう。結婚したばかりのころは、そんな大きないびきにびっくりして、夫の寝顔をじっと見ながら「どうやったらこんな大きな音が出せるんだろう」としばらく観察したぐらいだ。

でも、結婚してもう30年、大きないびきにはもう慣れた。逆にいびきが聞こえないと、寂しくなることもある。例えば、夫が出張で家にいないときなどだ。1人で夜中に目が覚めて、隣に誰もいないと思うと、寒々とした気持ちになる。そして、遠くの出張先のホテルの部屋で、夫がいつもと同じように大きないびきをかいて、寝ているところを想像する。すると、少しだけ安心できて、私はまた眠ることができた。

でも、今日はなぜだろう。なかなか眠れない。

暗い天井を見ながら、明日の朝ごはんについて、考えてみる。うちでは、朝ごはんは夫が作り、私が晩ごはんを作ることになっている。私は朝が苦手だから、これはとても都合がいい。夫は、けっこう料理上手だ。朝ごはんといっても、和食や洋食など、いろいろなものを作ってくれて、毎朝のテーブルを楽しいものにしてくれる。おいしい朝ごはんを食べると、どんなに忙しい一日が待っていたとしても、元気に家を出ることができる。ああ、おなかがすいてきた。

　私はおなかをなでながら、生まれてこなかった赤ちゃんのことを考える。結婚して３年目に、私のおなかの中には赤ちゃんができた。でも、その赤ちゃんは生まれてきてはくれなかった。そのころのことは、今もあまりはっきり思い出せない。覚えているのは、医者に言われた「残念ですが、もう赤ちゃんは無理です」という言葉だ。夫も私も、子どもを育てることを楽しみにしていた。だから、子どもが持てないことが、とても悲しかった。部屋で１人で泣いている私を見て、夫が手を握ってくれた。そして、「これからも２人で幸せに生きていこう」と言ったのだ。

　子どもがいる生活はどんなものだろう。今でも少し考える。今より幸せだったのだろうか、それともそうじゃなかったのだろうか。でも、隣で夫のいびきを聞いて、安心できる今の毎日は、それはそれできっと幸せなんだと思う。

　カーテンの外が明るくなってきた。そろそろ朝が来たようだ。

タスク ❶ 内容を確認しよう 😗

ショートストーリーの内容を1人一つずつ短く話してみましょう。

タスク ❷ 自分語りをしよう 😗😗

次の1）～3）について、まずは自分で考えてみましょう。それから他の人と話し合ってみましょう。

1）あなたは結婚したいですか。それはどうしてですか。

2）結婚するなら、理想の結婚相手はどんな人ですか。

3）あなたはAIやロボットと恋愛や結婚ができますか。

タスク❸ もっと深く話そう

次のテーマについて他の人と話し合ってみましょう。

テーマ：結婚の良い点／悪い点は何だと思いますか。

〈自分の考え〉

〈他の人の考え〉

タスク❹ まとめよう

「結婚」とは何かを説明する名言（かっこいい文）を考えてみましょう。

結婚とは、

★名言をクラスで紹介しましょう。なぜそのような名言になったのかも説明しましょう。

+α 他の人に聞こう

結婚している人（家族や親戚、友達など）にどうして結婚したのか、理由を聞いてみましょう。

聞いた人：

結婚した理由：

+α 新しい言葉をまとめよう

「結婚」で自分が勉強した言葉をマップにしてみましょう。

私の「結婚」語彙マップ

結婚

第5課 コミュニティー

話してみよう

あなたは今、どんなコミュニティーに参加していますか。

📖「コミュニティー」のショートストーリー

- 表札と近所付き合い
- 僕が住んでいるところ
- 渋谷で待ち合わせ

〜学んだ言葉や表現をメモしましょう〜

表札と近所付き合い

　表札とは、自分の名前を書いた[1]札を家の門や玄関に[2]取り付けたものです。私は長い間マンションに住んでいますが、以前はほとんどの家に表札がありました。しかし、20年ぐらい前から玄関に表札を出している家がとても少なくなりました。

　2012年のアンケート調査によると、ほとんどの住人が表札を出しているマンションが38.4%、3分の2程度が19.9%、半分程度が13.2%、少しだけが15.2%でした。興味深いのは、表札を出している人が多いマンションの方が、表札を出している人が少ないマンションよりも、住人の間の交流活動が盛んだったことです。

　このアンケートには、表札を出さない傾向についての感想を書くところがあります。そこでは、「表札はコミュニケーションを取るため、互いに交流するために必要」、「表札がないと、誰が住んでいるのか、また空いている部屋なのかどうかがわからない」といった意見がありました。

　では、なぜ表札を出す人が減ってきたのでしょうか。表札を出

1）札：木や紙などに文字が書かれたもの
2）取り付ける：落ちないように貼（は）ったりして、しっかり付けること

さない理由で一番多かったのは、「犯罪などに利用されたくない」で34.8%でした。しかし、「周りが出していないから」という答えと「特に理由はないがちょっと面倒だから」という答えを合計すると37.1%になります。表札を出さない人の3分の1は、はっきりした理由もなく、出していないのです。

　このアンケート調査が行われた2012年の1年前の2011年3月11日に[3]東日本大震災が起こりました。大きな[4]災害のときには、住人たちが互いに声をかけたり、助けたりすることが非常に重要です。アンケートの答えの中にも「東日本大震災を経験してから、近所の人たちとの関係について意識が変わった」という感想がありました。

　表札を出すか出さないかは、日常生活の中の小さなことかもしれません。でも表札を出すことは、近くに住む人たちに自分の名前を示す自己紹介であり、近所の人たちと付き合うためのあいさつではないでしょうか。

〈マンションで表札を出している家の割合〉

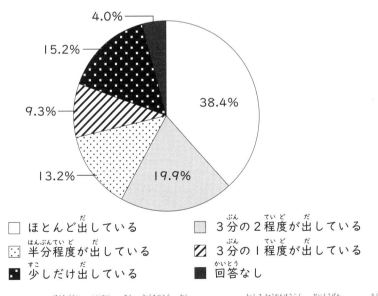

- □ ほとんど出している
- ▥ 半分程度が出している
- ◼ 少しだけ出している
- 3分の2程度が出している
- ▨ 3分の1程度が出している
- ◼ 回答なし

4.0%　15.2%　9.3%　13.2%　19.9%　38.4%

マンションコミュニティ研究会「平成24年　表札等に関するアンケート調査中間報告（概要版）」より作成

3）東日本大震災：2011年3月11日に東北地方、関東地方に起きた大きな地震（じしん）
4）災害：地震（じしん）、台風、津波（つなみ）、事故（じこ）、火災（かさい）などのこと

僕が住んでいるところ

　僕が住んでいるところには、病院、学校、映画館、美術館、スポーツジム、食堂、居酒屋など何でもあって、無料で使える。ただ、必ず仕事をしなければならないし、どんな仕事をしてももらえる給料はみんな同じだ。給料は仕事の内容ではなくて、家族の人数によって決まるからだ。それに、自分の家や車を持つことはできない。車は他の人と一緒に使わなければいけないし、家族の人数によって、住むことができる家も決まる。

　僕の一日は家の中の足りない物を買いに行くことから始まる。今日は、トイレットペーパーとシャンプーを買いに行かなければいけない。仕事に行く前に、急いで買いに行こう。家を出ると、すぐ近くに住んでいるおじさんに会った。お互いの仕事のことを少し話した後、急におじさんが「最近、彼女と別れたんだってな。1)落ち込んでるだろう。誰か知り合いを紹介してやろうか」と言ってきた。どうして僕が彼女と別れたことをおじさんは知っているのか。たった1週間前の話なのに。「今はいいよ。買い物をして、すぐ仕事に行かなきゃいけないんだ」と伝えて、おじさんと別れた。

　急いで職場に向かい、10分後に着いた。僕の仕事はみんなが集まる食堂で料理を作ることだ。ここに住んでいる人は誰でも一日3回、食堂で好きなものを好きなだけ食べられる。だから、僕は毎日、たくさんの料理を作る。新しいメニューを考えたり、たくさんの料理を作ったりすることは大変だけど、同僚はみんないい人たちだ。みんなで協力しながら仕事をするのはいつも楽しくて、緊張しない。体は疲れるけど、心は疲れない。

　家に帰ると、隣に住んでいる奥さんが僕の家に来た。病院に行きたいから、2人の子どもを見ててほしいと頼まれた。友達と飲みに行こうかと思ったけど、それをやめて、子どもたちと遊んであげた。1時間後、奥さんが帰ってきて、「本当に2)助かったわ。

1）落ち込む：元気がない状態（じょうたい）
2）助かる：人に手伝ってもらって、楽になること

ありがとう」と言って、子どもたちを連れて帰っていった。奥さんはお礼にりんご1袋をくれた。
　僕が住んでいるところでは、みんなが大きな家族みたいだ。平等にお金を分けて使う。同じものを一緒に使う。協力して働いて、一緒に子どもを育てる。楽しいことも悲しいことも何でも話し合う。ここは、そういうところだ。

渋谷で待ち合わせ

　土曜日の昼過ぎに目が覚めた。昨日はアルバイトをして、家に着いたのは夜中だった。それから、スマホでネットを見ていたら、1)寝落ちしちゃったみたいだ。今日はアルバイトもないし、何をしようかなとベッドの中で考えていたら、友達からメッセージが届いていた。

「今日渋谷に行かない？　遊ぼうよ！」

　私はすぐに「行く！」と返事した。それから今日何を着ようかと考えた。19歳の大学生の私にとって、見た目は重要だ。それに渋谷なんだから、かわいい服を着なくちゃ。持っている服を全部ベッドの上に並べて、1時間悩んだ後、やっと今日着る服が決まった。友達からの「じゃあ、渋谷駅の前で5時に！」というメッセージを見て、すぐに電車の時間を調べた。大丈夫、まだ間に合う。

　私が生まれた町は東京から遠かった。自然がきれいで、人も優しくて、いいところだって町の人は言っていたけど、私はその町が大嫌いだった。どうしてかというと、近所の人はみんな知り合いで、お互いのことを何でも知っているからだ。私が学校で悪い成績を取ってから数日後には、近所の人に「もっと勉強を頑張らないとだめだよ」なんて言われた。本当に恥ずかしかった。そして、うちの両親には「近所の人に対して、恥ずかしいことをしないように」と何度も注意された。それが、私には本当に2)うざったかった。だから、大学を受験する時、周りには誰も知っている人がいないところ、町から遠く離れた都会に行こうと決めていた。

　駅に着いたら、ちょうど渋谷行きの電車が来た。空いていた席に座ってすぐにバッグから化粧道具を取り出す。渋谷に着くまでの間、かわいく化粧をしていたら、前に座っているおじさんがこっちを見てきた。おじさんは何だか文句を言いたい顔をしていたけど、私は気にしない。だって、どうせ知らない人だし。

1）寝落ちする：チャットやオンラインゲームなどをしている途中で眠ってしまうこと

2）うざったい：あれこれと言われて、うるさく感じる気持ち。「うざい」というカジュアルな表現もよく使われる

　電車が渋谷駅に着いて、私はたくさんの人と一緒に電車を降りた。今日も渋谷は人でいっぱいだ。すぐに、待っていた友達を見つけた。

　「まずはお茶でもしようよ」と友達と2人で歩き始めた。大きな交差点を渡る時、道の真ん中で私は立ち止まった。腕を組んで歩いていた友達が「どうしたの?」と聞いてきた。私は3)SHIBUYA109を見て、胸いっぱいに息を吸う。そして、すっごく幸せを感じた。ああ、大好き、今の生活!

　ここには、私を知る人は誰もいない。私の成績や服や化粧を心配して、注意する近所の人もいない。そんな近所の人に対して、恥ずかしくないように、いつもまじめな顔をして生活している両親もいない。ここでは誰も私のことを注意しないし、見てもいない。だから、私は自由になれる。そう、私は今とっても自由だ。

　「何でもない」と友達に答えて、私は交差点を渡った。最近SNSで見た、とってもかわいいカフェに行こうと思う。

3）SHIBUYA109：渋谷（しぶや）にある、有名なビル。若い女性に人気の店がたくさん入っている

タスク❶ 内容を確認しよう 🗣

ショートストーリーの内容を1人一つずつ短く話してみましょう。

タスク❷ 自分語りをしよう 🗣🗣

次の1）～3）について、まずは自分で考えてみましょう。それから他の人と話し合ってみましょう。

1）あなたは近所の人と話すことがありますか。どんな時、どんなことを話しますか。

2）あなたは誰といるときに、居心地がいいと感じますか。
　　※「居心地がいい」は、一緒にいてリラックスできたり、気持ちがいいこと

3）あなたが参加しているコミュニティーは、人と人の関係がどのくらい強いですか。
　　下の図に書いてみましょう。

例：家族
⇓

弱い ▭▭▭▭▭▭▭▭▭▭▭▭▭▭▭ 強い

タスク❸ もっと深く話そう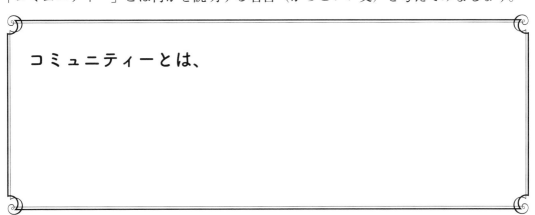

次のテーマについて他の人と話し合ってみましょう。

テーマ：居心地のいいコミュニティー、居心地の悪いコミュニティーとはどんなコミュニティーですか。

〈自分の考え〉

〈他の人の考え〉

タスク❹ まとめよう

「コミュニティー」とは何かを説明する名言（かっこいい文）を考えてみましょう。

```
コミュニティーとは、
```

★名言をクラスで紹介しましょう。なぜそのような名言になったのかも説明しましょう。

+α 調べよう

あなたが住んでいる町にはどんなコミュニティーがありますか。調べて、紹介してみましょう。

+α 新しい言葉をまとめよう

「コミュニティー」で自分が勉強した言葉をマップにしてみましょう。

私の「コミュニティー」語彙マップ

コミュニティー

第6課 大人

話してみよう

何歳から大人だと思いますか。それはどうしてですか。

📖「大人」のショートストーリー

●子どものころの夢
●大人買い
●1人でできた

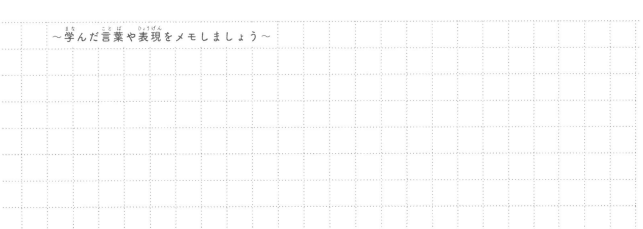

~学んだ言葉や表現をメモしましょう~

子どものころの夢

　子どものころ、夢中で見ていたアニメがありました。少年が不思議な列車に乗って、宇宙を旅するアニメです。数えきれないほどの星が輝いている宇宙。その中をゆっくり走っていく列車。私は毎週そのアニメを見ながら、いつか自分も宇宙に行ける日が来るかもしれないと思っていました。そして、星がたくさん見える夜は、空を見上げて、どの星に行こうかなと考えたりしていました。

　私はいつの間にか大人になり、そのアニメのこともすっかり忘れて、夜に星空をゆっくり見上げることもなくなりました。
　ある日、忙しい仕事を終えた帰り道、電車の中でニュースでも見ようかなと思い、かばんからスマホを取り出しました。そして偶然、宇宙からの¹⁾生中継を見ました。
　宇宙から話している人は、特別な宇宙飛行士ではなく、日本の会社の社長です。その人は、小さなビジネスから会社を始め、今では世界的な大きな会社を経営するまでになった人です。
　地球からアナウンサーが質問します。
「なぜ宇宙を目指そうと思われたのか、教えてください」
その人が答えます。
「子どものような答えで申し訳ないんですけれども、本当に『行ってみたい』という²⁾好奇心だけで、ここまで³⁾たどり着きました。見たこともないものを見たいし、知りたいという、もう本当に好奇心です」

　私は、小さなスマホの画面から目を離し、電車の外の夜空を見ました。大都会の夜空は、ビルの明るさのせいで、星があまり見えません。それでも私は、子どものころのように少しわくわくしました。この人は今、この夜空のどこかにいる。宇宙へ行ってみたいという好奇心を持ち続けて、本当に宇宙へ行ったんだ。

1）生中継：テレビ番組などで、すでに録画（ろくが）されたものを放送するのではなく、その時に起こっていることをそのまま放送すること
2）好奇心：珍（めずら）しいことや、新しいことに興味（きょうみ）を持つこと
3）たどり着く：長い時間をかけたり、大変な思いをしたりした後で、やっと着くこと

　アナウンサーが続けます。
「そこにたどり着くまでに、あきらめそうになったことはないんですか」
　その人が迷わずに答えます。
「ないですね。もう、やるって決めてたんで」
　その人は、思い通りにいかないことはたくさんあったけど、あきらめようと思ったことはなかったと言いました。

　アナウンサーとその人がお互いに「また地球で！」と言って、生中継は終わりました。ちょうど電車は私の駅に着きました。私はスマホをポケットにしまって、夜空を見上げ、子どものころにやってみたいと思っていたことを、たくさん思い出しながら、家までゆっくりと歩いて帰りました。

📖 大人買い

先日コンビニに行ったら、私が小学生のころに好きだったお菓子が売っていた。そのお菓子は当時とても人気があって、どこのお店でも売り切れだった。なぜそんなに人気があったかというと、お菓子がおいしかったからではない。お菓子もおいしかったが、お菓子と一緒に入っているシールが人気だったのだ。シールには[1]キャラクターの絵が描かれていて、お菓子を開けるまで、どのキャラクターのシールが入っているかわからない。好きなキャラクターのシールが入っていたら、大喜びだ。汚れないように、大切に[2]ファイルにシールを入れておいた。つまらないキャラクターのシールだったら、残念だ。友達にあげたり、交換したりした。いろいろなキャラクターを集めるために、みんなそのお菓子をたくさん買った。

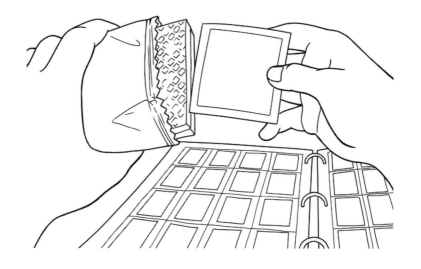

私もそのシールを集めていたので、友達と毎日、いろいろなお店に行ってそのお菓子を探した。「先週、あの店で売っていたよ」と友達から聞くと、隣の町でも自転車に乗っていったし、「日曜日の朝早くに行くと、買えた」と聞くと、日曜日にお店が開く前

1）**キャラクター**：人が想像（そうぞう）して作った人や動物やロボット。デザインされた生き物のこと
2）**ファイル**：シールや写真、資料などを入れておくための、ポケットが付いたノートのようなもの

からその店の前で待った。でも、日本全国で人気があるお菓子だったので、どこの店も売り切れでなかなか売っていなかった。

　なかなか売っていないから、それを見つけた時は飛び上がるほどうれしかった。そのお菓子は、一つ30円だった。あまり売っていないから、見つけた時にたくさん買いたい。でも、小学生の私はお金がなかったので、せっかく見つけても一つか二つしか買えなかった。「欲しいキャラクターのシールが入っていますように」と祈りながら、お菓子を買った。お店を出て、お菓子のパッケージを開ける時は、胸がドキドキした。

　小学生のころの、そんな思い出の詰まったお菓子を久しぶりにコンビニで見つけた。お菓子の値段が上がっていて、一つ100円になっていた。しかし、昔と同じようにお菓子と一緒にシールが入っている。昔のことを思い出して3)懐かしくなった私は、そのお菓子を買った。一つや二つではなくて、1箱。1箱には50個入っている。「大人買い」だ。

　私は、大人になってから工場で働いている。毎日毎日朝早くから夜遅くまで働かなければならない。時々週末にも仕事がある。とても忙しいし、上司に怒られたりもする。つらいことばかりだけれど、そのおかげで欲しいものが買えた。この時は自分が大人で本当に良かったと思った。

3）**懐かしい**：昔のことを思い出して、心が温（あたた）かくなる気持ち

1人でできた

　私は中学校を卒業する時、卒業の記念に自分の名前のはんこをもらった。「中学校を卒業したら、もう大人だ」と先生が言った。しかし、私は「うーん、そうかなあ。中学校を卒業したら、みんな高校へ行くし……。はんこを使うのはもっと先の話だろう」と思っていた。

　高校生になって、周りの友達がアルバイトを始めた。アルバイトをすると、1カ月で3万円、夏休みは5万円ぐらい給料がもらえると聞いた。高校生の時、私の[1)]おこづかいは1カ月1,000円だった。必要なものがあるときは親に理由を説明して、お金をもらった。だから、3万円、5万円という給料はとても魅力的だった。

　早速、ハンバーガーショップの面接に行って、[2)]採用された。「親から『アルバイトをしてもいい』と紙に書いてもらって、出してください」と店長に言われた。親の許可は、何とかもらった。次に、店長から「銀行の口座を作ってください。はんこを持っていますか」と言われた。「そうか、はんこはこういう時に使うんだ。私の中学校、ありがとう」と思いながら銀行に行って、銀行口座の申込用紙にはんこを押して、銀行員に渡した。15分ぐらいで口座ができた。自分1人で口座を作ることができたので、とてもうれしかった。そして、高校生の間は、アルバイトの給料で本を買ったり映画を見たりした。親には「もうおこづかいはいらない」とはっきり言った。

　18歳の時、高校を卒業したけど、大学に入ることはできなかった。次の年、もう一度大学入試を受けるために1年間勉強した。今度は絶対大学に合格しなければならなかったから、アルバイトもできず、毎日勉強ばかりしていた。ある日、「たまには映画でも見ようかな」と思って映画館に行ったら、「大人1枚ですね。1,800円です」と言われて驚いた。ほんの2、3カ月前は学生料金だったのに。

1）**おこづかい**：親から子どもがもらうお金。子どもが自由に使うことができる

2）**採用する**：新しく働く人を選ぶこと

19歳の時、大学に入ることができた。入学の書類、アパートの契約、奨学金の申し込み、何をするにも親の名前を書かなければならなかった。アパートに1人で住んで、料理も掃除も洗濯もやって、勉強して、アルバイトの給料で生活して、全部自分でやっているつもりでも、何か大切な書類を書くときは、必ず親の名前が必要だった。

20歳の時、クレジットカードを申し込んだ。クレジットカードの申込書を書いて、身分証明書を見せた。申込書に親の名前を書くところはなかった。「あれ？　いいのかな？」と思ったが、クレジットカードが無事発行された。「20歳は大人なんだ」と思った。

でも、クレジットカードを使いすぎるかもしれないし、見えないお金に対する不安もあった。結局、そのクレジットカードは1回も使わなかった。怖がらずにクレジットカードが使えるようになるまで、20年かかった。

タスク❶ 内容を確認しよう 🗣

ショートストーリーの内容を1人一つずつ短く話してみましょう。

タスク❷ 自分語りをしよう 🗣🗣

次の1）～3）について、まずは自分で考えてみましょう。それから他の人と話し合ってみましょう。

1）子どもの時に持っていた大人のイメージは、どんなイメージでしたか。

2）あなたが大人になったと感じるのは、どんな時ですか。

3）大人だからできることは、どんなことですか。

タスク❸ もっと深く話そう

次のテーマについて他の人と話し合ってみましょう。

テーマ：子どもと大人の違いは何ですか。

〈自分の考え〉

〈他の人の考え〉

タスク❹ まとめよう

「大人」とは何かを説明する名言（かっこいい文）を考えてみましょう。

大人とは、

★名言をクラスで紹介しましょう。なぜそのような名言になったのかも説明しましょう。

+α 調べよう

あなたの国では大人になったことを祝う習慣がありますか。調べて、紹介してみましょう。ないときは、日本のことを調べてみましょう。

+α 新しい言葉をまとめよう

「大人」で自分が勉強した言葉をマップにしてみましょう。

私の「大人」語彙マップ

大人

第7課 時間

話してみよう

あなたの昨日の過ごし方を図に書いてみましょう。

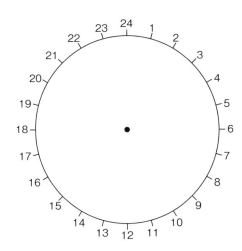

「時間」のショートストーリー

- 何分待てる?
- 時間と交換
- タイパ

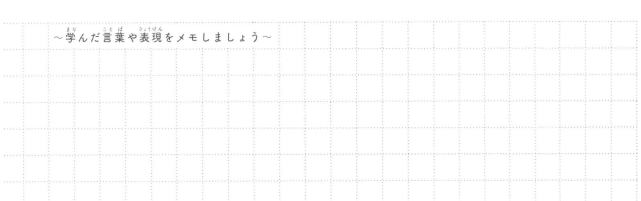

~学んだ言葉や表現をメモしましょう~

何分待てる？

　ある時計の会社が、人はどれくらい待たされたらいらいらするかについて調査をしました。調査は20～50代の働いている男女200人ずつ、合計400人に対して行われました。

　エレベーターや信号を待つときは、1分を超えると、60%以上の人がいらいらするそうです。スーパーやコンビニで順番を待つときは、3分を超えると、60%以上の人がいらいらするそうです。ファストフード店で注文した後、商品が出てくるまで待つときは、3分を超えると約半分の人がいらいらするそうです。

　人気のレストランや遊園地についてはどうでしょうか。この調査によると、人気のあるレストランで順番を待つときは、30分まで待てると答えた人が約40%、15分と答えた人と、1時間と答えた人は、それぞれ約25%だったそうです。遊園地の乗り物待ちについては、30分と答えた人が約30%、1時間が約27%でした。

　もちろん、待つことが好きな人もいます。ただ、多くの人にとっては、待つことはつまらないことです。待つ時間が長すぎると、お客さんはその店に行かなくなります。店にとっても、待たせる時間を短くすることは重要です。また、実際に時間を短くするだけではなく、「短く感じさせる」ための工夫も必要です。

　経営の専門家であるデービッド・マイスター氏は、多くのお客さんが感じる八つのことを発表しました。

（1）　何もしていない時間は長く感じる
（2）　人はとにかく何かを始めたい
（3）　不安があると、待ち時間は長く感じる
（4）　待ち時間がわからないと、長く感じる
（5）　理由もなく、待ちたくない
（6）　平等ではない待ち時間は長く感じる
（7）　とても良いことや、意味のあることを待つときは、長く　　　待つことができる
（8）　1人で待つ時間は長く感じる

　では、もしあなたが経営の専門家だったら、どうするか考えてみてください。毎日たくさんの人が並んで待っているレストランがあります。どうすればお客さんが待つ時間を短く感じると思いますか。（1）や（2）から考えると、待っているお客さんが「何かできる」ように工夫することが大切です。どんな工夫をしたらいいでしょうか。また、（3）～（5）から考えると、あとどれくらい待てばいいのかわかる工夫などが必要です。
　他には、どんな工夫をしたらいいでしょうか。経営の専門家になったつもりで、考えてみてください。

時間と交換

　朝起きて、洋服ではなく、着物を着た。いろいろな道具を使って、着物を着るための細かいルールを守らなければならない。着替えのために、1時間の [1)]時間のロス。でも、一日中、[2)]姿勢もきれいで、頭も心もすっきりする。

　ある日曜日の朝、おいしいコーヒーが飲みたいと思った。コーヒー豆を [3)]ひいて、ゆっくりお湯を注いで、香りを楽しみながら飲んだ。大好きなコーヒーを飲むために、30分の時間のロス。でも、インスタントコーヒーよりずっとおいしい。そして、少しだけ静かな時間が過ごせた。

　いつもメールで連絡する母に、手紙を書いた。母は紫色が好きだから、紫色の紙を選んだ。手紙を書きながら、いつの間にか漢字が書けなくなっていたことに気が付いた。最近は、パソコンやスマホで正しい漢字を選ぶだけなので、自分の手で漢字が書けない……。漢字を調べながら書いたために、30分の時間のロス。でも、母の好きなものを考えられたし、子どもの時のことを思い出して、いつもは言えない感謝の気持ちが少し書けた。

　部下と一緒に、資料を作らなければいけない。部下が書いた資料を読んで、コメントをして、部下に修正をさせる。そして、また、部下が書いた資料を読んで、コメントをして、部下に修正をさせる。同じことの繰り返し。何度も資料の修正をしたために、二日の時間のロス。自分1人で書く方が早くて、ストレスも少ない。でも、部下の成長が見られて、新しいアイデアを与えてもらった。最後には、いい資料ができた。

---

1) **時間のロス**：普通以上に時間がかかること

2) **姿勢がきれい**：体が真っすぐになっていて見た目がきれいな状態

3) **ひく**：小さくすること

　毎日車で行くスーパーへ、4)路面電車で行ってみた。路面電車に乗るために、まず停留所まで歩かなければいけない。そして、バスより遅い路面電車。走るスピードが遅いために、30分の時間のロス。でも、ゆっくり外の景色が見られて、新しいお店も発見できた。そして、電車の中で、他の人の会話を聞くのも楽しかった。

　夜ごはんのピザを材料から作った。始めに、ピーマンとソーセージを切った。次に、小麦粉に水などを加えて、混ぜて、膨らむのを待って、最後に焼く。洗い物も増えたし、お金もかかった。スーパーで買った冷凍のピザを焼いて食べるより、2時間の時間のロス。パンみたいなピザだったけど、少しの満足感。

　5)あえて時間がかかることをやってみた。そこには、時間と交換して、手に入れたものがあった。

4）路面電車：道路を走る電車
5）あえて〜する：しなくてもいいことをすること

タイパ

　僕は映画などの映像[1)]コンテンツを見るとき、2倍の速さで見ることが多い。2倍の速さ（倍速）では、その映画の本当の面白さがわからないっていう人がいるけど、そうなんだろうか。そのように言っている人は映画の本当の面白さがわかっているんだろうか。

　貧乏学生の僕は授業やアルバイトでいつも忙しい。だから、たくさんの映画を丁寧に見ている時間がない。安いのに結構いい商品について話すとき「コスパ（コスト・パフォーマンス cost performance）がいい」とよく言うけど、それと同じように、短い時間を上手に使えることを「タイパ（タイム・パフォーマンス time performance）がいい」と言うよね。僕はお金がないからコスパももちろん大事だけど、自由に使える時間がとても少ないから、僕にとっては、タイパが良いことの方がもっと大事なんだ。

　SNSなどでの友達との会話には、映画の話題がよく出てくる。みんなでそれぞれのおすすめの映画について話すんだ。だから、たくさんの映画をタイパ良く見なくてはならない。そのためには、映画のだいたいの内容を知っていた方がいい。映画の内容や結末が紹介されているサイトもよく見る。そうして準備してから、倍速視聴や[2)]10秒飛ばし視聴で映画をタイパ良く見る。そうすれば、SNSでの映画のおしゃべりに合わせることができるんだ。

　だから倍速視聴はやめられない。映画だけでなく、ニュースやネット動画も倍速で見る。オンライン授業の録画も、もちろん倍速で見る。授業の録画は倍速で見た方が集中できて、内容がよくわかることも多い。

　人間の生きている間の時間は限られてるよね。ということは、時間の方がお金よりずっと大事なんだ。だったら、僕だけでなく、誰にとってもコスパよりタイパの方が大事なんじゃないかな。

1）**コンテンツ**：インターネットなどで送られるデジタル情報
2）**10秒飛ばし視聴**：10秒進めたり、戻したりしながら映像を見ること

タスク❶ 内容を確認しよう 🗣

ショートストーリーの内容を1人一つずつ短く話してみましょう。

タスク❷ 自分語りをしよう 🗣🗣

次の1）～3）について、まずは自分で考えてみましょう。それから他の人と話し合ってみましょう。

1）あなたはどのくらい待てますか。

場面	待てる時間
例：スカイツリーに上る	3時間
スーパーのレジ	
有名なレストラン	
約束の時間に遅れた友達	
入国審査（immigration）	
（自分で考える）	

2）無駄に時間を使ってしまったと思うのは、どんな時ですか。

3）今よりもっと時間をかけたいこと、時間を節約したいことは何ですか。

タスク❸ もっと深く話そう

次のテーマについて他の人と話し合ってみましょう。

テーマ：価値のある時間／豊かな時間の過ごし方とはどのようなものですか。反対に、価値のない時間の過ごし方とはどのようなものですか。

〈自分の考え〉

〈他の人の考え〉

タスク❹ まとめよう

「時間」とは何かを説明する名言（かっこいい文）を考えてみましょう。

時間とは、

★名言をクラスで紹介しましょう。なぜそのような名言になったのかも説明しましょう。

+α アイデアを出そう

ショートストーリー『何分待てる?』(p.70)に書いてある経営者になったつもりで、お客さんに待ち時間を短く感じさせる工夫を考えてみましょう。

┌───┐
│   │
│   │
│   │
│   │
│   │
│   │
│   │
│   │
└───┘

+α 新しい言葉をまとめよう

「時間」で自分が勉強した言葉をマップにしてみましょう。

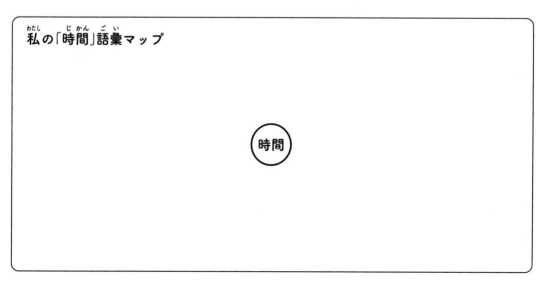

私の「時間」語彙マップ

時間

第8課 怖さ

話してみよう

あなたが怖いものは何ですか。

「怖さ」のショートストーリー

- 別れ話
- 怖いから楽しい？
- 注射嫌い

～学んだ言葉や表現をメモしましょう～

別れ話

　私には3年間付き合っている彼氏がいます。彼は私と結婚したい、と言ってくれます。彼は将来の家庭についていろいろな希望があるようです。

「るみちゃんと結婚したら、自然が近くにある家に住みたいな」

「るみちゃんは子どもが好き？　僕はたくさん子どもが欲しいな」

　でも、私には海外で働くという夢があって、まだ結婚なんて考えられません。

　ある日、私は会社で部長に呼ばれました。部長はにっこり笑って、こう言いました。

「おめでとう。君のニューヨークへの[1]転勤が決まったよ。ずっと海外で働きたいと言っていたよね」

　私はとてもうれしくて飛び上がりました。ついに、[2]夢がかなったのです！　私はすぐに彼に伝えました。彼からは「今夜、一緒に食事をしよう」という返事が返ってきました。

　その夜、私たちは夜景の見えるすてきなレストランで食事をしました。私はニューヨークに行けるということに興奮して、いつもよりたくさん話しました。

「あー、ホントうれしい！　最高！　仕事、頑張ってきて良かった！」

「うん、そうだね。おめでとう、るみちゃん。ところで、結婚の話は……」

「今は何よりも仕事が一番大事なの。結婚とか子どもとか、そんなこと今は考えられないかな……」

「つまり、僕より仕事が大事で、僕との結婚なんてどうでもいい、ってこと？」

「あ、ごめん……。どうでもいいわけじゃないけど、今は仕事のことしか考えられなくて……」

1）転勤：同じ会社に勤めたまま、勤める場所が変わること

2）夢がかなう：夢が本当になること

2人の間に、長い 3)沈黙がありました。そして、彼はこう言いました。

「わかった。僕たちは、たぶん、もう終わりだね。別れよう」

　私は小さな声で「ごめんね」と言いました。心の中では、少し安心したような気持ちもありました。彼は続けて言いました。

「今までありがとう。ニューヨークに行く君に、最後に何かプレゼントをしたいんだけど、何か欲しいものはある?」

　私は遠慮しましたが、彼がどうしても何かプレゼントしたいと言ってくれたので、新しいスーツケースをもらうことにしました。

　次の週末、彼からメッセージが届きました。

　ちょうど6時にインターホンが鳴り、私はドアを開けました。

　私が、彼のメッセージを縦に読むことに気付いていたら……。今ごろ私はまだ生きていたかもしれません。

3）沈黙：誰も話さないで、静かなこと

怖いから楽しい？

　私の趣味は、バイクに乗ることだ。バイクが趣味だと言うと、「バイクって怖くない？」と聞かれることがある。スピードを出したら怖いし、転んだらけがをするから危ない。それでも、私はバイクに乗っている。怖さと戦いながらスピードを出した時の気持ち良さはバイクでしか体験できない。少しでも操作ミスをしたら大変なことになるという、ドキドキする感覚はやめられない。

　「バイクが好きなら、遊園地の[1]ジェットコースターも好きなんじゃない？」と言われることがある。でも、私はジェットコースターが苦手だ。高さ何十メートルから急に落ちる乗り物なんて、絶対に乗りたくない。お金を払って、そんな体験をする人の気持ちはわからない。でも、ジェットコースターに乗った人は、戻ってきた時みんな興奮していて楽しそうな顔をしているから、好きな人にとっては楽しいのだろう。

　また、高いビルとビルの間にロープを付けて、そこを渡っている人のことをSNSで見たことがある。失敗して落ちたら、終わりだ。地面にぶつかって、死んでしまうだろう。失敗したら死ぬし、成功してもお金がもらえるわけではない。そんなことにチャレンジする人の気持ちは、私にはわからない。でも、バイクに乗らない人からしたら、私の気持ちもわからないのかもしれない。

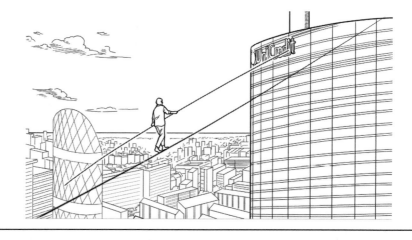

1）ジェットコースター：遊園地にある乗り物の一つ。速いスピードで高いところから急に落ちたり、上下反対になって進んだりする乗り物

　私は一度、バイクで大きな事故をしたことがある。スピードを出して走っている時に、急にブレーキをかけてタイヤが滑って、転んでしまったのだ。転んだ私は、道路の外まで滑っていって、草の上で止まった。幸運なことに、滑っている時に何にもぶつからなかった。腕と腰を骨折しただけだった。

　転んで救急車を待っている時は、「転んじゃったな。しばらく仕事を休まないといけないな」と[2]現実的なことを考えていた。でも、もしあの時、後ろから来た車にぶつかったり頭を強く打ったりしていたら、私は今ここにいないかもしれない。そう考えるとぞっとする。

　それでも、私は今もバイクに乗り続けている。

---

[2]現実的なこと：毎日の生活に関係のあること

注射嫌い

　僕は子どものころ、大変な注射嫌いだった。注射がとても怖かった。「どうして、こんなものが必要なのか」とまじめに悩んだことがあるぐらいだ。

　たまに学校で注射を受けることがあった。注射の日は、朝から気持ちが重くて、学校に行きたくなかった。でも、そんなことを言ったら絶対に母に叱られると思ったから、悲しい気持ちで学校に向かった。注射の時間は2時間目と3時間目の授業の間だと聞いて、それまでずっと心の中は怖さでいっぱいだった。

　「はーい、じゃあ2組の皆さん、廊下に1列に並んで、注射を受けに行きましょう」と先生が言った。僕の心臓が大きな音を立て始める。注射が嫌いな僕は列の後ろの方に並んだ。それからみんなで注射を受ける教室へと少しずつ向かう。みんなは冗談で、「おまえ、怖がっているんじゃないのか？　怖がりだな」とお互いに言っていた。その時、僕はもう少しで泣きそうな顔をしていたと思う。

　列の前の方の人から教室へと入っていく。同じクラスの子の泣き声が聞こえた。ああ、注射が始まったんだ。少しずつ、泣いている子の声が大きくなる。その子の泣き声を聞いているだけで、僕も涙が出てきた。そして、僕は注射をされる前から、涙を流して先生に「嫌だ！」と叫んでいた。先生にしっかりと押さえられながら、右腕を出した僕は、体を硬くした。

　その時「大丈夫だよ、痛くしないからね」とお医者さんの声が聞こえた。そうだ、痛くない、痛くないんだ。僕は強くそう思った。そして、お医者さんは僕の右腕を触って、すぐに「もう終わったよ」と言った。え？　あれ？　全然、痛くなかった。僕はお医者さんを見た。太っていて、色の白いお医者さんだった。僕の腕を触る手が温かかった。

　その日、初めて注射は怖くないんだとわかった。注射よりも、僕の怖いと強く思う気持ちが、僕を怖がらせていたことがわかった日だった。

タスク❶ 内容を確認しよう 🗣

ショートストーリーの内容を1人一つずつ短く話してみましょう。

タスク❷ 自分語りをしよう 🗣🗣

次の1）～3）について、まずは自分で考えてみましょう。それから他の人と話し合ってみましょう。

1）人間関係で相手のことが怖いと感じたことがありますか。それはどんな時ですか。

2）怖いけれどやめられないことはありますか。また、他の人がやっている怖いことで自分は絶対にやりたくないのは、どんなことですか。

3）最初は怖いと思っていたけれど、やってみたら怖くなかったという経験がありますか。それはどんなことをした時でしたか。

タスク ❸ もっと深く話そう

次のテーマについて他の人と話し合ってみましょう。

テーマ：怖い経験によって得られるものはあると思いますか。それは、どんなものですか。

〈自分の考え〉

〈他の人の考え〉

タスク ❹ まとめよう

「怖さ」とは何かを説明する名言（かっこいい文）を考えてみましょう。

> **怖さとは、**

★名言をクラスで紹介しましょう。なぜそのような名言になったのかも説明しましょう。

+α もっと話そう

あなたが知っている怖い話を紹介してみましょう。

+α 新しい言葉をまとめよう

「怖さ」で自分が勉強した言葉をマップにしてみましょう。

私の「怖さ」語彙マップ

怖さ

第9課 正義

話してみよう

あなたが好きな正義のヒーロー／ヒロインは誰ですか。

「正義」のショートストーリー

- 正義のヒーロー
- 迷惑な客
- 誤解への感謝

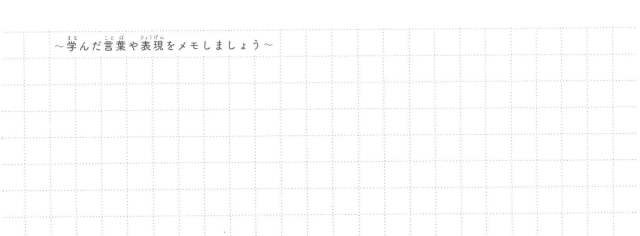

～学んだ言葉や表現をメモしましょう～

正義のヒーロー

　昔々、あるところに、おじいさんとおばあさんがいました。ある日、おじいさんとおばあさんは大きな桃を見つけました。そして驚いたことに、その桃の中から元気な男の子が出てきました。その子は「ももたろう」と呼ばれ、村のみんなに愛されて、優しく強い子に育ちました。

　その村の近くには、鬼が住む島があり、村のみんなはいつも怖がっていました。ある日、ももたろうは仲間たちと一緒に悪い鬼たちを[1]やっつけて、その島にあった[2]宝物をたくさん持って、村に帰ってきました。そして、その宝物を村のみんなにあげました。村のみんなは大喜びで、「ももたろう、ありがとう」と何度も言いました。そして、ももたろうは村のヒーローになりました。

1）**やっつける**：相手と戦って、勝つこと
2）**宝物**：高価（こうか）なものや、珍（めずら）しくて特別なもの

　ある夜、僕の住んでいる島に、「ももたろう」という人がやってきました。その人は仲間と一緒に突然やってきて、島のみんなを攻撃しました。僕の家にも来て、お父さんとお母さんに3)襲いかかりました。僕は怖くて怖くて、布団の中に隠れていました。お父さんとお母さんは、ももたろうのせいで、大けがをしてしまいました。

　ももたろうたちが他の家へ行った後、僕は布団から出て「お父さーん！　お母さーん！」と叫びながら、2人のところへ走りました。お父さんは「しーっ！　静かに！　隠れろ！」と言いました。お母さんも「大丈夫、大丈夫。隠れて！　早く！」と言いました。僕は、どうしたらいいのかわからずに、泣きながらお父さんとお母さんのそばにいました。

　ももたろうたちは、僕のお父さんやお母さんだけでなく、島のみんなを襲いました。そして、島にあった宝物を全部盗んでいってしまいました。僕は、ももたろうたちの船が、島から離れていくのを、ただ見ていることしかできませんでした。

　僕のお父さんもお母さんも、強い鬼だから、死にませんでした。でも、この時の大けがのせいで、お父さんは目が見えなくなってしまいました。お父さんは、時々僕に「またあの船が見えたら、おまえはすぐに逃げるんだよ」と言います。僕は「うん」と短く返事をします。

　でも、僕はもう決めています。僕がもう少し大きく強くなったら、今度は僕が船で向こうの島へ行って、ももたろうたちをやっつけます。ももたろうたちが、この島のみんなにしたように。

3）**襲いかかる**：急に相手を攻撃（こうげき）すること

迷惑な客

　ある日の朝、会社へ行くため、電車に乗った。私は列の一番前で電車を待っていたので、珍しく空いている席に座れた。座ってから、目の前の男性に気付いた。その男性は5席分も使って、頭から足までを座席に乗せてベッドで寝るように横になっている。座席の下には、お酒の空き缶が置かれている。酔っぱらっているのだろう。私はただ見ているだけだった。男性の足の方に座っている人は、とても嫌そうな顔をしながら、寝ている男性の足を座席の上から床に落として起こそうとしている。けれども、男性は落とされた足をまた座席の上に戻して、眠り続けている。何度も同じことを繰り返しているので、もしかしたら、寝ているふりをしているのかもしれない。何駅か過ぎて、隣に座っている人は立ち上がり、男性を[1]にらんで降りていった。男性の頭の方に座っている人は、できるだけ男性から離れて座っていた。この人は、何もしないで降りていった。少し離れて立っていた人は、寝ている男性に気付かれないように写真を撮っていた。「こんな迷惑な人がいる」とコメントして、SNSに[2]アップしているのだろう。人がたくさん乗っているのに、この男性の座席の近くには、もう誰も座らない。

1）にらむ：怒ってじっと見ること
2）アップする：SNSに文章や写真を載（の）せること。「アップロードする」を短くした言葉

　私はいつもの駅で降りた。朝から嫌な気持ちになった。このまま会社に行くのは嫌だ。駅員さんに「座席の上に頭から足まで乗せて寝ている人がいますよ」と伝えた。少しすっきりした。

メモ

誤解への感謝

　ある土曜日、かばんを買いに車でデパートへ向かった。週末のデパートはいつも混んでいて、駐車スペースを探すのが大変だ。その日もやはり駐車場はいっぱいだった。そして、今はちょうどお昼ごはんの時間。この時間に駐車スペースを見つけるのは大変だなと思いながら、駐車場を 1)ぐるぐる回っていると、一つだけ空いているスペースを見つけた。ラッキーと思って、車を止めようとした時、ここが 2)障がい者用の駐車スペースであることに気付いた。「残念、止められないな」と思っていると、後ろから来た車がこの駐車スペースに止まって、中から若い男性が出てきた。その車には障がい者用駐車場の利用カードが付いていなかった。男性が元気そうに走っていくので、私は思わず車の窓を開けて「ここは、障がい者用の駐車スペースですよ」と話しかけた。すると、男性は「あー、今からデパートの中にいる母と姉を迎えに行くんです。姉は車いすに乗っているんですが、急に体調が悪くなったようで。急いで家を出てきたので、利用カードを忘れてきてしまいました」と言った。私はすぐ「事情も知らずに、失礼しました」と謝った。男性は「いえ、こうやって注意してくれる人のおかげで、本当に必要な人がこの駐車スペースを使えるのだと思います。ありがとうございます」と笑顔で話してくれた。

1）**ぐるぐる**：何度も回る様子
2）**障がい者用**：障（しょう）がい者のためのものや場所

タスク❶ 内容を確認しよう 🗣

ショートストーリーの内容を1人一つずつ短く話してみましょう。

タスク❷ 自分語りをしよう 🗣🗣

次の1）～3）について、まずは自分で考えてみましょう。それから他の人と話し合ってみましょう。

1）マンガやアニメ・映画の正義のヒーロー／ヒロインがすることで、正義ではないと思ったことはありますか。それはどんなことですか。

2）こんな人を見たとき、あなたはどうしますか。

　　・目の前で財布を落とした。
　　・目の前で倒れた。
　　・禁煙の場所でたばこを吸っている。
　　・並んでいる列に横から入る。

3）2）の場面であなたがする行動は、正義だといえますか。

タスク❸ もっと深く話そう

次のテーマについて他の人と話し合ってみましょう。

テーマ：「正義」の反対は、何だと思いますか。単語一つにまとまらなくてもかまいません。

〈自分の考え〉

〈他の人の考え〉

タスク❹ まとめよう

「正義」とは何かを説明する名言（かっこいい文）を考えてみましょう。

正義とは、

★名言をクラスで紹介しましょう。なぜそのような名言になったのかも説明しましょう。

+α 調べよう

あなたの国の正義のヒーロー／ヒロインが出てくる話を調べて、紹介してみましょう。

+α 新しい言葉をまとめよう

「正義」で自分が勉強した言葉をマップにしてみましょう。

私の「正義」語彙マップ

正義

第10課 普通

話してみよう

あなたは普通の人ですか。どうしてそう思いますか。

📖「普通」のショートストーリー

- ●裸足は最高
- ●お母さんと一緒
- ●見えないものが見えるカード

~学んだ言葉や表現をメモしましょう~

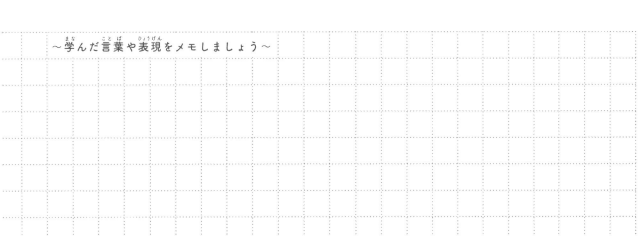

裸足は最高

　僕は、普通の小学生だ。お父さんと、お母さん、それからお姉ちゃんがいる。毎日学校へ行って、友達と遊んで、うちに帰ったらごはんを食べて、寝る。勉強は得意ではないけど、苦手でもない。背も、高いわけではないけど低くもない。

　ある日、お母さんと一緒に近所のコンビニに行った。暖かい秋の日だった。コンビニに入る時、お店から出てきたお客さんが僕の足をじろじろ見た。レジでお金を払う時は、店員さんが僕の足をじろじろ見た。僕は裸足だった。晴れた日に近所に出かけるときはいつも裸足だ。だって、アスファルトは暖かくて気持ちがいいし、コンビニの[1]ひんやりした床も大好きだから。

　家に帰る時、近所のおばあさんが心配そうに言った。
「あらー、お靴はどうしたの?」
僕は何て答えればいいのか困ってしまって、黙っていた。お母さんは優しく笑って、「うちの息子は裸足が好きで、いつも裸足なんですよ」と言った。
　お母さんは家に帰ってから、僕にこう言った。
「普通、みんな靴をはいているから、裸足の人を見て、びっくりしちゃったんだね」
　その時、僕には「普通」という言葉が、初めて聞いた言葉みたいに、何だか変な言葉に聞こえた。
　僕たち家族は、ちょっと前まで、東南アジアのある街に住んでいた。子どもはみんな裸足だった。それが普通だった。
　僕はお母さんに聞いた。
「ねえねえ、どうして、ここではみんな靴をはいているの?」
「うーん、道に落ちているものを踏んだら痛いから、かなあ?」
「え? でも、前に住んでいたところの方が、道にいろいろ落ち

---

1) ひんやりする：冷たくて気持ちいいと感じる

てたよ。こんなにきれいな道だったら、歩いても安全だよ」
「確かに。うーん、どうしてかなあ」
お母さんもわからないみたいだった。
　そこに、お姉ちゃんが来て言った。
「みんながはいてるから、はいてるんじゃない?」
そう言うお姉ちゃんは、毎日靴をはいて出かけている。東南アジアのあの街では、僕と同じようにいつも裸足だったのに。

　秋が過ぎて冬が来ると、僕の住んでいる街には雪が降った。冬は、靴をはく理由がわかった。裸足で雪の上を歩くと、足が冷たすぎるからだ。だから僕も靴をはくようになった。何回か、靴をはくのを忘れて「いってきまーす!」と雪の上に裸足で飛び出してしまったけど、春が来るころには、靴をはき忘れることはなくなった。

　ある暖かい春の日、お母さんが近所のコンビニへ行くと言ったので、僕もついていくことにした。外はやわらかい風が吹いていて、春の匂いがした。僕は靴をはいて外に出たけど、やっぱり一度玄関に戻って、靴を脱いだ。お母さんは優しく笑って「じゃ、行こう」と言った。靴をはく理由とか、普通って何かとか、難しいことはよくわからないけど、はっきりとわかることもある。それは、晴れた日に裸足で歩くのは最高だってことだ。

101

お母さんと一緒

　私の子どもが2歳の時、2人で一緒に日帰りのバス旅行に参加しました。その旅行は小さい子どもと親のための旅行でした。

　バスに乗ると、バスガイドさんが「さあ、今日はお母さんと一緒に楽しく過ごしましょう」と言いました。

　私は「お母さんと」という言葉を聞いて、変な気持ちになりました。私はお母さんではありません、お父さんです。

　昼食の時間になりました。バスガイドさんが「じゃあ、バスの中で、お母さんが作ったお弁当を食べましょう」と言いました。確かに、お弁当を作ったのは妻です。私ではありません。

　バスの中には、お母さんが20人ぐらいいました。みんな「お母さんと一緒」でした。「お父さんと一緒」は、私の子どもだけでした。その時、私はわかりました。

　たくさんの人の中に1人だけ違う人がいると、その1人はいないことと同じなんだ……。

　その後も「お母さんと一緒に歌いましょう」、「お母さんと一緒に遊びましょう」、「お母さんと一緒に写真を撮りましょう」、「お

メモ

母さんと……」。

　バス旅行が終わる時、バスガイドさんが「今日はお母さんと一緒にバスに乗っていろいろなところへ行きましたね。楽しかったですか」と言いました。私は「私の子どもは、お母さんと一緒じゃないから、楽しくなかったかな」と心配になりました。私は子どもに「今日はどうだった？」と聞いたら、「楽しかった」と言いました。私は安心しました。

　バスを降りる前に、今日の感想を書くアンケートがありました。アンケートの最後に「このバス旅行について、ご意見がありましたら、ご自由にお書きください」という質問がありました。私は「私はお母さんではありません」と書きました。

　バスを降りる時、アンケートを読んだバスガイドさんが「申し訳ありません、申し訳ありません」と何度も頭を下げてきました。その人に 1)悪気はありませんでした。私もそれはわかっていました。

　きっと、私が感じた「変な気持ち」は、いろいろな人が、いろいろなところで感じているんだと思いました。今日、私はその「変な気持ち」を体験することができました。それは、このバス旅行に参加して良かったことでした。

1）**悪気がない**：人を嫌（いや）な気持ちにするつもりがないこと

見えないものが見えるカード

今から、あるカードに関係する二つの話を紹介します。

　ある日、学校が終わって友達と話しながら歩いていたら、僕らと同じぐらいの年の男の子が1人で道に座っていました。何してるんだろう。誰かを待っているのかな。疲れて座っているのかな。僕はその男の子をしばらく見ていましたが、彼は全く動きませんでした。何だか不安そうな顔で遠くを見ていました。「何してるの?」と話しかけても、男の子は何も言いませんでした。「迷子になったの?」と聞いても、男の子は何も言いませんでした。「家に帰らないの?」ともう一度聞きました。男の子は何も言いませんでした。すると、友達が男の子のかばんに赤いカードが付いているのを見つけて、「この赤いカード、何?」と言いました。僕と友達はそのカードをよく見ました。「うーん、なんか書いてあるけど、漢字が読めない。電話番号も書いてあるけど、僕たちスマホ持ってないしな……」と友達が言いました。友達はもう家に帰ろうと言ったけど、僕はやっぱり心配になったので、近くの交番まで一緒に行ってあげることにしました。男の子は、交番に着いても、何も言いませんでした。だから僕たちが警察の人に男の子のことを話しました。「あー、カードに自閉症って書いてあるな。自閉症の人は、コミュニケーションを取ることがとても苦手なんだ。この子の家族に電話をしておくから安心していいよ。交番まで一緒に来てくれて、ありがとう!」と警察の人は僕たちに言いました。
　家に帰ってからお母さんにこの話をすると、夜ごはんに僕が大好きな唐揚げを作ってくれました。

　仕事が終わって、私は地下鉄の駅の中を歩いていました。すると、向こうの方に30代ぐらいの男性が倒れているのが見えました。私は男性のところへ走っていって、「大丈夫ですか!?」と聞きま

した。しかし、返事がなかったので、救急車を呼ぼうとして、スマホを出しました。その時、私は男性が首から赤いカードを下げていることに気が付きました。何だろうと思ってカードをよく見ると、「私は突然眠ってしまう病気があります。5分ぐらいで起きます。救急車を呼ばないでください」と書いてありました。心配なので、私は男性の近くで待っていました。すると、約5分後、倒れていた男性が急に起きて「あー、また眠ってしまった」と言いました。そして眠そうな顔で「あ、もう大丈夫です!」と言って、歩いていきました。

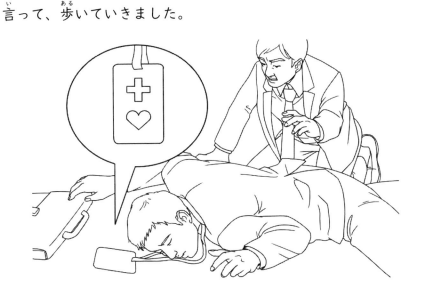

　二つの話に出てくる赤いカードは、ヘルプカードというものです。[1]十字とハートのマークが書いてあります。このカードは、体が不自由な人、すぐ疲れる人、たばこの煙に弱い人などが持っています。このような人たちは、体の見えないところに病気があったり、何かが苦手だったりします。見ただけではわかりません。それを伝えるために、ヘルプカードが作られました。みんなで[2]助け合う社会にするためです。
　外から見えない病気や体の中の問題は、家族や友達は知っています。しかし、他の人は、すぐにはわかりません。このカードは見えないものが見えるカードなのです。

1）**十字**：漢字の十の文字の形
2）**助け合う**：お互いに助けること

タスク❶ 内容を確認しよう

ショートストーリーの内容を１人一つずつ短く話してみましょう。

タスク❷ 自分語りをしよう

次の１）〜３）について、まずは自分で考えてみましょう。それから他の人と話し合ってみましょう。

１）他の人の普通を押しつけられて嫌だと思ったり、困ったりしたことがありますか。

２）あなたが普通だと思っていた行動や習慣が、他の人にとっては普通ではなかったことがありますか。

３）自分にとっての普通が周りの普通と違った場合、あなたはどうしますか。

タスク ❸ もっと深く話そう

次のテーマについて他の人と話し合ってみましょう。

テーマ：普通の人とは、どんな人ですか。

〈自分の考え〉

〈他の人の考え〉

タスク ❹ まとめよう

「普通」とは何かを説明する名言（かっこいい文）を考えてみましょう。

普通とは、

★名言をクラスで紹介しましょう。なぜそのような名言になったのかも説明しましょう。

+α 探そう

「普通」をテーマにした映画、アニメ、小説、歌、看板、広告などを探して、紹介してみましょう。

メディアの種類：

タイトル：

内容：

+α 新しい言葉をまとめよう

「普通」で自分が勉強した言葉をマップにしてみましょう。

私の「普通」語彙マップ

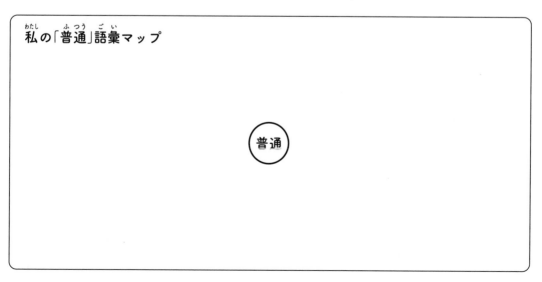

普通

参考文献一覧

第3課　お金

「お金と幸せの関係」
- The Washington Post「Can money buy happiness? Scientists say it can.」
（https://www.washingtonpost.com/business/2023/03/08/money-wealth-happiness-study/）
- Kahneman, D., and Deaton, A. (2010). High income improves evaluation of life but not emotional well-being. Psychological and Cognitive Sciences, 107 (38), 16489-16493.
- Killingsworth, M. A. (2021). Experienced well-being rises with income, even above $75,000 per year. Psychological and Cognitive Sciences, 118 (4), e2016976118.
- Killingsworth, M. A., Kahneman, D., and Mellers, B. (2023). Income and emotional well-being: A conflict resolved. Psychological and Cognitive Sciences, 120 (10), e2208661120.

第5課　コミュニティー

「表札と近所付き合い」
- マンションコミュニティ研究会「平成24年　表札等に関するアンケート調査中間報告（概要版）」
（https://www.mckhug2.com/20121120_hyousatu.pdf））

第7課　時間

「何分待てる？」
- CITIZEN「ビジネスパーソンの「待ち時間」意識（2023）」
（https://www.citizen.co.jp/research/20230531/index.html）

「タイパ」
- 人事の図書館「『タイパ（タイムパフォーマンス）』とは？ Z世代の傾向とキャリア観」
（https://service.gakujo.ne.jp/jinji-library/saiyo/00072）
- 稲田豊史『映画を早送りで観る人たち ファスト映画・ネタバレ──コンテンツ消費の現在形』光文社新書、2022
- ミヒャエル・エンデ『モモ』岩波少年文庫、2005

第9課　正義

「正義のヒーロー」
- NHK for School「昔話法廷　『桃太郎』裁判」
（https://www2.nhk.or.jp/school/watch/bangumi/?das_id=D0005180366_00000）
- 新聞広告データアーカイブ「2013年度 新聞広告クリエーティブコンテスト『めでたし、めでたし？』」
（https://www.pressnet.or.jp/adarc/adc/2013.html）

おわりに

　本書は、著者の一人である佐藤淳子さんが「普通（本書題「裸足は最高」）」という読み物をウェブサイト「たどくのひろば」（https://tadoku.info）に提供してくれたことがきっかけとなって生まれました。佐藤さんは多読のための一つの読み物として「普通」という作品を書いてくれたのですが、ウェブサイトの管理者である私はそれを読んだときに、やさしい日本語で書かれているのにいろいろと考えさせられる内容であり、ただ読むだけではもったいないと感じました。そこから、読むことを起点にして、深いけれど誰もが考えられるテーマについて学習者同士で話し合うという本書の枠組みへと発展しました。本書を作成するにあたり何度か試作版を授業で実践したのですが、学習者から思いもよらない豊かな発想や発言が飛び出すことがあり、学習者の話をもっと聞きたい、教師も一人の参加者として話し合いに加わりたいと感じることが多々ありました。本書は、一人ひとりが自分の経験や考えを一個人として語り、共有することを目指しています。本書を使用してくださる日本語教師も、教える・教えられるという教師と学習者の関係性にとらわれずに、一度一個人として学習者との話し合いに参加してみてください。普段とは違う学習者の姿や教室の景色が見えるはずです。

　本書を作成するにあたり、企画の段階から共にアイデアを練り、議論し、助言をくださったアルク書籍編集部の栗山英樹さん、作業を進める際に細かなスケジュール管理をしつつ内容についての的確な指摘をしてくださった日本語教師で編集者の今野咲恵さんに心よりお礼申し上げます。お二人の助言がなければ本書は完成しませんでした。また、短い期間にもかかわらず著者たちの注文に応え、シンプルでかつ美しいイラストを描いてくださった藤村日向子さんに感謝致します。

　本書を通して学習者の人生が少しでも豊かになることを祈っています。

著者代表　吉川達

著者紹介

吉川　達
（よしかわ　とおる）

立命館大学情報理工学部／日本語教育センター　准教授

森　勇樹
（もり　ゆうき）

在日米国大使館日本語研修プログラム　主任教官

二口　和紀子
（ふたくち　わきこ）

開智国際大学別科日本語研修課程　講師

佐藤　淳子
（さとう　じゅんこ）

北海道大学大学院メディア・コミュニケーション研究院　助教

佐々木　良造
（ささき　りょうぞう）

静岡大学国際連携推進機構　特任准教授

門倉　正美
（かどくら　まさみ）

横浜国立大学　名誉教授

万国共通のテーマで意見が飛び交う！
「読む」からはじめる日本語会話ワークブック

発行日	2024年5月22日（初版）

書名	「読む」からはじめる日本語会話ワークブック
著者	吉川達、森勇樹、二口和紀子、佐藤淳子、佐々木良造、門倉正美
編集	株式会社アルク日本語編集部、今野咲恵
校正	堀田弓
デザイン	二ノ宮匡（nixinc）
DTP	株式会社創樹
イラスト	藤村日向子
印刷・製本	シナノ印刷株式会社
発行者	天野智之
発行所	株式会社アルク
	〒141-0001　東京都品川区北品川6-7-29
	ガーデンシティ品川御殿山
	Website：https://www.alc.co.jp/

地球人ネットワークを創る
アルクのシンボル
「地球人マーク」です。

©2024 Toru Yoshikawa ／ Yuki Mori ／ Wakiko Futakuchi ／ Junko Sato ／
Ryozo Sasaki ／ Masami Kadokura ／ ALC PRESS INC.
Hinako Fujimura
Printed in Japan.

PC: 7024025
ISBN: 978-4-7574-4073-9

医科診療報酬点数表 令和6年6月版

追補202410

● 以下の告示・通知等により，本書の内容に訂正が生じましたので，ここに追補します。

- ○ 令和6年3月27日　厚生労働省告示第122号（令和6年6月1日・令和6年10月1日適用）
- ○ 令和6年3月29日　厚生労働省告示第154号（令和6年4月1日・令和6年6月1日適用）
- ○ 令和6年3月29日　医療課事務連絡
- ○ 令和6年4月16日　厚生労働省告示第188号（令和6年4月17日適用）
- ○ 令和6年4月16日　厚生労働省告示第190号（令和6年4月17日・令和6年6月1日適用）
- ○ 令和6年4月30日　保医発0430第1号（令和6年6月1日適用分）
- ○ 令和6年4月30日　保医発0430第3号（令和6年6月1日適用分）
- ○ 令和6年5月1日　医療課事務連絡
- ○ 令和6年5月17日　医療課事務連絡
- ○ 令和6年5月30日　医療課事務連絡
- ○ 令和6年5月31日　厚生労働省告示第207号（令和6年6月1日適用）
- ○ 令和6年5月31日　保医発0531第1号
- ○ 令和6年5月31日　保医発0531第2号（令和6年6月1日適用）
- ○ 令和6年6月28日　保医発0628第2号（令和6年7月1日適用）
- ○ 令和6年7月11日　医療課事務連絡
- ○ 令和6年7月31日　保医発0731第3号（令和6年8月1日適用）
- ○ 令和6年7月31日　医療課事務連絡
- ○ 令和6年8月20日　厚生労働省告示第262号（令和6年10月1日・令和6年12月1日適用）
- ○ 令和6年8月20日　厚生労働省告示第263号（令和6年10月1日適用）
- ○ 令和6年8月20日　保医発0820第1号（令和6年10月1日・令和6年12月1日適用）
- ○ 令和6年8月30日　厚生労働省告示第281号（令和6年9月1日適用）
- ○ 令和6年8月30日　保医発0830第1号（令和6年9月1日適用）
- ○ 令和6年9月25日　厚生労働省告示第303号
- ○ 令和6年9月30日　保医発0930第7号（令和6年10月1日）
- ○ 令和6年9月30日　保医発0930第9号（令和6年10月1日）

頁	欄	行	訂正前	訂正後
早4			〔「食事療養標準負担額（患者負担額（1食につき，1日3食分を限度）」の「B」欄の2行目「・H27.4.1以前からH28.4.1まで継続して精神病床に入院していた一般所得区分の患者の退院まで注1」の金額を「260円」に改める。〕	
4			〔「一部改正」の歴歴に以下のように追加〕 一部改正　令和6年8月20日　厚生労働省告示第262号（令和6年10月1日から適用）	
44	左	上から17〜25行目	医療情報取得加算1として，月1回に限り3点を所定点数に加算する。ただし，健康保険法第3条第13項に規定する電子資格確認により当該患者に係る診療情報を取得等した場合又は他の保険医療機関から当該患者	医療情報取得加算として，月1回に限り1点を所定点数に加算する。 【令和6年12月1日適用】

頁	欄	行	訂正前	訂正後
			に係る診療情報の提供を受けた場合にあっては，**医療情報取得加算2**として，**月1回**に限り**1点**を所定点数に加算する。	
44	左	下から10〜9行目	**月1回**に限り**8点**を所定点数に加算する。	月1回に限り，当該基準に係る区分に従い，次に掲げる点数をそれぞれ所定点数に加算する。 イ　医療DX推進体制整備加算1　　　　　11点 ロ　医療DX推進体制整備加算2　　　　　10点 ハ　医療DX推進体制整備加算3　　　　　8点
44	右	上から18〜23行目	医療情報取得加算1として，月1回に限り3点を所定点数に加算する。ただし，健康保険法（大正11年法律第70号）第3条第13項に規定する電子資格確認により当該患者に係る診療情報を取得等した場合又は他の保険医療機関から当該患者に係る診療情報の提供を受けた場合にあっては，医療情報取得加算2として，月1回に限り1点を所定点数に加算する。	医療情報取得加算として，月1回に限り1点を所定点数に加算する。 【令和6年12月1日適用】
44	右	下から7行目	月1回に限り**8点**を所定点数に加算する。	月1回に限り当該基準に係る区分に従い，次に掲げる点数をそれぞれ所定点数に加算する。 ア　医療DX推進体制整備加算1　　　　　11点 イ　医療DX推進体制整備加算2　　　　　10点 ウ　医療DX推進体制整備加算3　　　　　8点
49	右	上から7行目	電子カルテ情報共有システム	電子カルテ情報共有サービス
52	左	上から21〜29行目	**医療情報取得加算3**として，**3月に1回**に限り**2点**を所定点数に加算する。ただし，健康保険法第3条第13項に規定する電子資格確認により当該患者に係る診療情報を取得等した場合又は他の保険医療機関から当該患者に係る診療情報の提供を受けた場合にあっては，**医療情報取得加算4**として，**3月に1回**に限り**1点**を所定点数に加算する。	医療情報取得加算として，3月に1回に限り1点を所定点数に加算する。 【令和6年12月1日適用】
52	右	上から7〜12行目	医療情報取得加算3として，3月に1回に限り2点を所定点数に加算する。ただし，健康保険法第3条第13項に規定する電子資格確認により当該患者に係る診療情報を取得等した場合又は他の保険医療機関から当該患者に係る診療情報の提供を受けた場合にあっては，医療情報取得加算4として，3月に1回に限り1点を所定点数に加算する。	医療情報取得加算として，3月に1回に限り1点を所定点数に加算する。 【令和6年12月1日適用】
53	右	下から6〜1行目	医療情報取得加算3として，3月に1回に限り2点を所定点数に加算する。ただし，健康保険法第3条第13項に規定する電子資格確認により当該患者に係る診療情報を取得等した場合又は他の保険医療機関から当該患者に係る診療情報の提供を受けた場合にあっては，医療情報取得加算4として，3月に1回に限り1点を所定点数に加算する。	医療情報取得加算として，3月に1回に限り1点を所定点数に加算する。 【令和6年12月1日適用】
55	左	上から2〜10行目	**医療情報取得加算3**として，**3月に1回**に限り**2点**を所定点数に加算す	医療情報取得加算として，3月に1回に限り1点を所定点数に加算する。

頁	欄	行	訂正前	訂正後
			る。ただし，健康保険法第3条第13項に規定する電子資格確認により当該患者に係る診療情報を取得等した場合又は他の保険医療機関から当該患者に係る診療情報の提供を受けた場合にあっては，**医療情報取得加算4として，3月に1回に限り1点を**所定点数に加算する。	【令和6年12月1日適用】
79	右	上から5～6行目	（第2章第7部リハビリテーションの通則第4号	（特掲診療料の施設基準等（平成20年厚生労働省告示第63号）別表第九の三
114	右	下から7行目	入院初日に限り	初日に限り
120	右	下から12行目	入院初日に限り	初日に限り
131	右	下から16行目	専従の理学療法士	専従及び専任の理学療法士
142	左	下から10から9行目	特別入院基本料等含む。	特別入院基本料等を含む。
161	右	上から24～25行目	小児特定集中治療室重症児対応体制強化管理料	新生児特定集中治療室重症児対応体制強化管理料
161	右	下から22行目	新生児特定集中治療室管理料，	新生児特定集中治療室管理料，新生児特定集中治療室重症児対応体制強化管理料，
161	右	下から15行目	新生児特定集中治療室，	新生児特定集中治療室，新生児特定集中治療室重症児対応体制強化管理を行う治療室，
163	右	下から14行目	(6)	(7)
177	右		〔A304地域包括医療病棟入院料の右欄として以下のように追加〕 ◆　除外薬剤・注射薬「注4」 　自己連続携行式腹膜灌流用灌流液，抗悪性腫瘍剤（悪性新生物に罹患している患者に対して投与された場合に限る。），疼痛コントロールのための医療用麻薬，エリスロポエチン（人工腎臓又は腹膜灌流を受けている患者のうち腎性貧血状態にあるものに対して投与された場合に限る。），ダルベポエチン（人工腎臓又は腹膜灌流を受けている患者のうち腎性貧血状態にあるものに対して投与された場合に限る。），エポエチンベータペゴル（人工腎臓又は腹膜灌流を受けている患者のうち腎性貧血状態にあるものに対して投与された場合に限る。），ＨＩＦ－ＰＨ阻害剤（人工腎臓又は腹膜灌流を受けている患者のうち腎性貧血状態にあるものに対して投与された場合に限る。），インターフェロン製剤（Ｂ型肝炎又はＣ型肝炎の効能若しくは効果を有するものに限る。），抗ウイルス剤（Ｂ型肝炎又はＣ型肝炎の効能若しくは効果を有するもの及び後天性免疫不全症候群又はＨＩＶ感染症の効能若しくは効果を有するものに限る。）及び血友病の患者に使用する医薬品（血友病患者における出血傾向の抑制の効能又は効果を有するものに限る。）	
178	右	上から18行目	地域包括医療棟入院料	地域包括医療病棟入院料
198	右	下から24行目	退棟	退棟又は退室
198	右	下から21行目	在棟中	在棟中又は在室中
198	右	下から21行目	入棟日	入棟日又は入室日
198	右	下から14行目	退棟	退棟又は退室
198	右	下から9行目	退棟時	退棟時又は退室時
198	右	下から9行目	入棟時	入棟時又は入室時
198	右	下から7行目	入棟	入棟又は入室
198	右	下から7行目	退棟	退棟又は退室
198	右	下から6行目	入棟時	入棟時又は入室時
199	右	上から9行目	在棟中	在棟中又は在室中
199	右	上から10行目	在棟中	在棟中又は在室中
199	右	上から11行目	入棟日	入棟日又は入室日
199	右	上から12行目	入棟患者数	入棟患者数又は入室患者数
199	右	上から12行目	入棟時	入棟時又は入室時
199	右	上から25行目	退棟	退棟又は退室
199	右	上から25行目	在棟中	在棟中又は在室中
199	右	下から22行目	入棟	入棟又は入室
199	右	下から20行目	入棟患者数	入棟患者数又は入室患者数
199	右	下から20行目	入棟時	入棟時又は入室時
199	右	下から18行目	入棟患者数	入棟患者数又は入室患者数

頁	欄	行	訂正前	訂正後
199	右	下から18行目	入棟時	入棟時又は入室時
199	右	下から14〜13行目	入棟月	入棟月又は入室月
199	右	下から11行目	在棟中	在棟中又は在室中
199	右	下から9行目	退棟	退棟又は退室
221	左	下から18〜17行目	特定感染症入院医療管理加算，地域加算	地域加算
230	右	下から15行目	台伏在静脈抜去術	大伏在静脈抜去術
231	右	下から21行目	各所定点数をいう。）	各所定点数をいう。），第14部その他
270	右	上から22行目	Dicisional	Decisional
271	左	上から11行目	注7	注6
271	左	上から13行目	注6	注5
284	右	下から4行目	電子カルテ情報共有システム	電子カルテ情報共有サービス
289	右	下から14行目	場合に限る。	場合に限る。この場合には外来腫瘍化学療法診療料1の届出を行っている保険医療機関は，連携する外来腫瘍化学療法診療料3の届出を行っている保険医療機関名及び情報提供に係る文書を受理した日付を診療録及び診療報酬明細書の摘要欄に記載すること。
294	左	下から15〜14行目	医学管理等	医学管理料等
294	左	下から2行目	B005の14	区分番号B005の14
317	右	上から2行目	高血圧治療補助アプリ	高血圧症治療補助アプリ
317	右	上から5行目	高血圧治療補助アプリ	高血圧症治療補助アプリ
330	右	下から25行目	この区分番号において	この区分において
343	右	下から25行目	その家族等患者	その家族等の患者
343	右	下から20〜19行目	算定しているもの	算定しているもの（C001在宅患者訪問診療料（I）の「在宅患者訪問診療料（I）について」の(5)において，A000初診料又はA001再診料若しくはA002外来診療料及び第2章特掲診療料のみを算定した場合を含む。以下この区分において同じ。）
348	右	上から11行目	算定月において	算定月の直近3月の実績において
348	右	上から12行目	基準に該当	基準に適合
352	右	上から6行目	〔次行に追加〕	g　指定障害者支援施設（生活介護を行う施設に限る。）
354	右	下から17行目	(イ)から(ハ)	aからc
362	右	上から11行目	患者の割合	患者（C001の「在宅患者訪問診療料（I）の算定回数の特例「注1」，算定期間の特例の対象疾病等「注2」」の疾病等の患者等を除く。）の割合
371	右	上から10行目	看護師等	保健師，助産師又は看護師
371	右	上から11行目	また，	なお，
396	右	下から15行目	在宅患者調整加算	在宅薬剤総合体制加算
398	右	上から22〜23行目	ペグインターフェロンアルファ製剤	ペグインターフェロンアルファ製剤（ロペグインターフェロンアルファ製剤について，真性多血症の治療を目的として皮下注射により用いた場合を除く）
400	右	上から2行目	〔次行に追加〕	(21)　ベドリズマブ製剤については，皮下注射により用いた場合に限り算定する。 (22)　ミリキズマブ製剤については，皮下注射により用いた場合に限り算定する。
401	右	下から13行目	〔次行に追加〕	エフガルチギモド　アルファ・ボルヒアルロニダーゼ　アルファ配合剤 ベドリズマブ製剤 ミリキズマブ製剤
409	左	下から7行目	については，	1については，
411	右	下から10〜9	携帯型ディスポーザブル注入ポンプ	輸液ポンプ

頁	欄	行	訂正前	訂正後
		行目	又は輸液ポンプ	
411	右	下から6～5行目	携帯型ディスポーザブル注入ポンプ又は輸液ポンプ	輸液ポンプ
426	右	下から4行目	オゾラリズマブ製剤	オゾラリズマブ製剤，トラロキヌマブ製剤，エフガルチギモド　アルファ・ボルヒアルロニダーゼ　アルファ配合剤
426	右	下から3～2行目	及びトラロキヌマブ製剤	，ベドリズマブ製剤及びミリキズマブ製剤
430	右	下から15行目	細隙燈検査	細隙灯検査
440	右	上から24行目	腫瘍遺伝子変異量検査	腫瘍遺伝子変異量検査，ＲＥＴ融合遺伝子検査
440	右	上から26行目	ＲＥＴ融合遺伝子検査	ＲＥＴ融合遺伝子検査，ＢＲＡＦ遺伝子検査
440	右	下から24行目	〔次行に追加〕	ケ　乳癌におけるＡＫＴ１遺伝子変異検査，ＰＩＫ３ＣＡ遺伝子変異検査，ＰＴＥＮ遺伝子変異検査
446	右	上から6～7行目	脳内鉄沈着神経フェリチン変性症	脳内鉄沈着神経変性症
448	右	下から19行目	非小細胞肺癌患者	非小細胞肺癌
449	右	下から12～11行目	遺伝子再構成	遺伝子再構成の同定
452	右	上から15行目	腫瘍遺伝子変異量検査	腫瘍遺伝子変異量検査，ＲＥＴ融合遺伝子検査
452	右	上から18行目	〔次行に追加〕	コ　乳癌におけるＡＫＴ１遺伝子変異検査，ＰＩＫ３ＣＡ遺伝子変異検査，ＰＴＥＮ遺伝子変異検査
462	右	下から8～7行目	のオートタキシン	オートタキシン
468	右	上から5行目	又はＥＣＬＩＡ法	，ＥＣＬＩＡ法又はＣＬＩＡ法
478	右	下から27～26行目	クリプトコックス抗原定性	クリプトコックス抗原定性，アスペルギルスIgG抗体(ただし，慢性進行性肺アスペルギルス症と侵襲性肺アスペルギルス症の併存が疑われる患者に対して本検査を実施した場合を除く。)
478	右	\multicolumn{3}{l}{〔D012感染症免疫学検査の「42」の右欄として以下のように追加〕 ※　アスペルギルスIgG抗体は，ＥＬＩＳＡ法により，慢性進行性肺アスペルギルス症又はアレルギー性気管支肺アスペルギルス症が疑われる患者に対して測定した場合に，本区分の「42」(1→3)-β-Ｄ-グルカンの所定点数2回分を合算した点数を準用して算定する。　なお，本検査は，関連学会の定める指針に従って実施する。}		
479	右	上から16～17行目	百日咳菌核酸検出，	百日咳菌核酸検出若しくは百日咳菌・パラ百日咳菌核酸同時検出，
482	右	\multicolumn{3}{l}{〔D013肝炎ウイルス関連検査の「5」の右欄として以下のように追加〕 ※　ＨＣＶ抗体・ＨＣＶコア蛋白同時検出定性は，ＥＣＬＩＡ法により測定した場合に，本区分の「5」ＨＣＶ抗体定性・定量の所定点数を準用して算定する。}		
484	右	上から22行目	又はＣＬＩＡ法	，ＣＬＩＡ法又はＦＩＡ法
484	右	下から24行目	又はＣＬＩＡ法	，ＣＬＩＡ法又はＦＩＡ法
484	右	下から21行目	又はＣＬＩＡ法	，ＣＬＩＡ法又はＦＩＡ法
493	右	下から9行目	ＬＡＭＰ法	ＬＡＭＰ法又はＰＣＲ法
494	右	上から13行目	〔次行に追加〕	上部消化管内視鏡検査の廃液を検体として本検査を実施した場合は，Ｄ419その他の検体採取の「1」胃液・十二指腸液採取は算定できない。
496	右	下から22行目	本区分「22」	本区分「23」
496	右	下から5行目	本区分「22」	本区分「23」
497	右	下から26行目	Ａ302新生児特定集中治療室管理料	Ａ302新生児特定集中治療室管理料，Ａ302-2新生児特定集中治療室重症児対応体制強化管理料
499	右	上から15行目	併せて測定	併せて実施
530	右	上から10行目	細隙燈顕微鏡	細隙灯顕微鏡
545	右	上から5行目	「2」	「3」
587	右	上から6行目	第88の2の(3)	第88の2の2の(3)
629	左	下から2行目	特定疾患療養管理料	特定疾患療養管理料及び区分番号Ｂ001-3-3に掲げる生活習慣病管理料（Ⅱ）
629	右	下から2～1行目	5分以上10分未満	5分を超えて10分未満

頁	欄	行	訂正前	訂正後
		行目		
629	右	下から1行目	5分以上10分未満	5分を超え10分未満
634	右	上から18行目	算定患者数	担当患者数
711	右	上から4行目	〔次行に追加〕	⒃ ⑸，⑺及び⑾に掲げる対価については，平成30年1月1日から令和元年9月30日までの間に医療機関が購入したものについては，当該対価に108分の110を乗じて得た額の1円未満の端数を四捨五入した額とする。
728	右	上から16行目	算定する。	算定する。また，非外科的治療が無効又は適応とならない白斑の治療を目的とした自家培養表皮移植の前処置として行う際には，グラインダー，炭酸ガスレーザ，超音波手術器，エルビウム・ヤグレーザ及び水圧式ナイフ等で剥削した場合に算定できる。
759	右	\[K259角膜移植術の右欄として以下のように追加\] ※ 培養ヒト角膜内皮細胞移植術は，水疱性角膜症の患者に対して，培養ヒト角膜内皮細胞を前房内に注入して角膜内皮細胞移植を行った場合に，本区分の所定点数を準用して算定する。				
799	右	\[K574心房中隔欠損閉鎖術の右欄として以下のように追加\] ※ 弁周囲欠損孔閉鎖術は，大動脈弁位又は僧帽弁位における人工心臓弁留置術後の人工弁周囲逆流に起因する症候性の心不全若しくは機械的溶血性貧血を有し，かつ外科的手術リスクが高い患者のうち，本品による治療が医学的に必要であると判断された患者に対し，関連学会の定める適正使用指針を遵守し，心尖部アプローチで実施した場合，本区分「1」の所定点数を準用して算定する。 本治療の実施に当たっては，K555弁置換術が適応とならない理由を診療報酬明細書の摘要欄に記載する。				
799	右	\[K574-2経皮的心房中隔欠損閉鎖術の右欄として以下のように追加\] ※ 弁周囲欠損孔閉鎖術は，大動脈弁位又は僧帽弁位における人工心臓弁留置術後の人工弁周囲逆流に起因する症候性の心不全若しくは機械的溶血性貧血を有し，かつ外科的手術リスクが高い患者のうち，本品による治療が医学的に必要であると判断された患者に対し，関連学会の定める適正使用指針を遵守し，順行性アプローチ又は逆行性アプローチで実施した場合，本区分の所定点数を準用して算定する。 本治療の実施に当たっては，K555弁置換術が適応とならない理由を診療報酬明細書の摘要欄に記載する。				
833	右	上から20行目	診療録の摘要欄に記載し，	診療録に記載し，
859	右	上から10〜12行目	スイムアップ法等により，また，凍結精子を用いた体外受精又は顕微授精の実施に当たっては，精子の融解等により，精子の前処置を適切に実施すること。	スイムアップ法等により，精子の前処置を適切に実施すること。
860	右	下から13行目	算定する。	算定する。この場合には精巣内精子採取術を実施した保険医療機関名及び日付を診療録等及び診療報酬明細書の摘要欄に記載すること。
861	右	上から1行目	算定する。	算定する。なお，精子の融解等にかかる費用は所定点数に含まれ，別に算定できない
870	右	下から4〜3行目	A302新生児特定集中治療室管理料	A302新生児特定集中治療室管理料，A302-2新生児特定集中治療室重症児対応体制強化管理料
876	右	下から22行目	9,050点	9,170点
876	右	下から19行目	10,550点	10,670点
876	右	下から1行目	16,600点	16,720点
877	右	上から2行目	17,260点	17,380点
877	右	上から10行目	16,600点	16,720点
877	右	上から14行目	21,100点	21,220点
884	右	下から5〜4行目	去勢抵抗性前立腺	去勢抵抗性前立腺癌
893	右	下から14行目	N000病理組織標本作製の「1」組織診断料	N000病理組織標本作製の「1」
897	右	\[下から24行目〜20行目を以下のように改める\] ◇ ＰＤ－Ｌ1タンパク免疫染色（免疫抗体法）病理組織標本作製について ⑴ ＰＤ－Ｌ1タンパク免疫染色（免疫抗体法）病理組織標本作製は，抗ＰＤ－1抗体抗悪性腫瘍剤又				

6

頁	欄	行	訂正前	訂正後
			は抗PD-L1抗体抗悪性腫瘍剤の投与の適応を判断することを目的として，免疫染色（免疫抗体法）病理組織標本作製を行った場合に，当該抗悪性腫瘍剤の投与方針の決定までの間に1回を限度として算定する。 (2) CLDN18タンパク免疫染色(免疫抗体法)病理組織標本作製は，治癒切除不能な進行・再発の胃癌患者を対象として，抗CLDN18.2モノクローナル抗体抗悪性腫瘍剤の投与の適応を判断することを目的として，免疫染色(免疫抗体法)病理組織標本作製を行った場合に，当該抗悪性腫瘍剤の投与方針の決定までの間に1回を限度として算定する。	
906	右	下から2～1行目	を算定した日において，	を算定している患者について，
912	左	上から18～19行目	第1部医学管理等（がん性疼痛緩和指導管理料，	第1部医学管理等（通則第3号から第6号までに規定する加算，がん性疼痛緩和指導管理料，
912	左	上から21～22行目	第2部在宅医療（在宅植込型補助人工心臓	第2部在宅医療（救急患者連携搬送料及び在宅植込型補助人工心臓
912	左	下から2～1行目	ヌ 第2章特掲診療料第14部その他に掲げる診療料	ヌ 第2章特掲診療料第14部その他に掲げる診療料（外来・在宅ベースアップ評価料（Ⅰ）及び外来・在宅ベースアップ評価料（Ⅱ）(いずれも再診時に限る。)を除く。)
916	左	上から8～9行目	第1部医学管理等に掲げる診療料（がん性疼痛緩和指導管理料，	第1部医学管理等に掲げる診療料（通則第3号から第6号までに規定する加算，がん性疼痛緩和指導管理料，
916	左	上から15～16行目	第2部在宅医療に掲げる診療料（往診料及び	第2部在宅医療掲げる診療料（往診料，救急患者連携搬送料及び
989	左	上から2行目	（令和6.3.5 厚生労働省告示第56号改正）	（令和6.9.25 厚生労働省告示第303号改正）
989	左	下から12～11行目	機能評価係数Ⅱ	機能評価係数Ⅱ，救急補正係数
989	右	〔上から6行目の次に追加〕 **第一の一の二 療担規則第5条第2項，薬担規則第4条第2項並びに療担基準第5条第2項及び第26条の4第2項の厚生労働大臣が定める療養** 　厚生労働大臣の定める評価療養，患者申出療養及び選定療養（平成18年厚生労働省告示第495号）第2条第十五号に掲げるもの **第一の一の三 療担規則第5条第2項，薬担規則第4条第2項並びに療担基準第5条第2項及び第26条の4第2項の厚生労働大臣が定める額** 　第一の一の二に規定する療養に係る厚生労働大臣の定める評価療養，患者申出療養及び選定療養第2条第十五号に規定する後発医薬品（以下「後発医薬品」という。）のある同号に規定する新医薬品等（以下「先発医薬品」という。）の薬価から当該先発医薬品の後発医薬品の薬価を控除して得た価格に4分の1を乗じて得た価格を用いて診療報酬の算定方法の例により算定した点数に10円を乗じて得た額		
989	右	上から9～11行目	厚生労働大臣の定める評価療養，患者申出療養及び選定療養（平成18年厚生労働省告示第495号）第2条第四号及び第五号に掲げるもの	厚生労働大臣の定める評価療養，患者申出療養及び選定療養第2条第四号及び第五号に掲げるもの
990	右	上から7～8行目	**及び療担基準第5条の4第1項**	，薬担規則第4条の3第1項並びに療担基準第5条の4第1項及び第26条の6第1項
990	右	上から18～19行目	又は変更しようとする場合は，地方厚生局長等に	又は変更しようとする場合は，第十四号に規定する療養を除き，地方厚生局長等に
990	右	上から20行目	保険医療機関	保険医療機関又は保険薬局
992	左	〔上から4行目の次に追加〕 十一 主として患者が操作等を行うプログラム医療機器の保険適用期間の終了後における使用に関する基準 　㈠ 当該使用は，患者が当該プログラム医療機器の使用を希望した場合に行われるものに限られるものとする。 　㈡ 当該プログラム医療機器の使用に係る費用徴収その他必要な事項を当該保険医療機関内の見やすい場所に掲示しなければならないものとする。 　㈢ 原則として，当該プログラム医療機器の使用に係る費用徴収その他必要な事項をウェブサイトに掲載しなければならないものとする。 十二 間歇スキャン式持続血糖測定器の使用に関する基準 　㈠ 当該使用は，医科点数表の第2章区分番号C150の注3に規定する患者以外の患者が，間歇スキ		

頁	欄	行	訂正前	訂正後
			ャン式持続血糖測定器の使用を希望した場合に行われるものに限られるものとする。	

ㄴ 当該間歇スキャン式持続血糖測定器の使用に係る費用徴収その他必要な事項を当該保険医療機関内の見やすい場所に掲示しなければならないものとする。

㈢ 原則として，当該間歇スキャン式持続血糖測定器の使用に係る費用徴収その他必要な事項をウェブサイトに掲載しなければならないものとする。

十三 医療上必要があると認められない，患者の都合による精子の凍結又は融解に関する基準

㈠ 当該精子の凍結又は融解は，医療上必要があると認められず，患者の都合により行われるものに限られるものとする。

㈡ 当該精子の凍結又は融解に係る費用徴収その他必要な事項を当該保険医療機関内の見やすい場所に掲示しなければならないものとする。

㈢ 原則として，当該精子の凍結又は融解に係る費用徴収その他必要な事項をウェブサイトに掲載しなければならないものとする。

十四 後発医薬品のある先発医薬品の処方等又は調剤に関する基準

㈠ 当該処方等又は調剤は，次に掲げる要件を満たす場合に行われるものに限られるものとする。

イ 患者が後発医薬品のある先発医薬品の処方等又は調剤を希望していること。

ロ 当該後発医薬品のある先発医薬品を処方等又は調剤することに医療上必要があると認められる場合に該当しないこと。

ハ 当該保険医療機関又は保険薬局において後発医薬品を提供することが困難な場合に該当しないこと。

ニ 後発医薬品のある先発医薬品の薬価が当該後発医薬品の薬価を超えること。

㈡ 療担規則第5条第2項，薬担規則第4条第2項並びに療担基準第5条第2項及び第26条の4第2項の規定により受け取る金額は，第一の一の三に規定する額とする。

㈢ 後発医薬品のある先発医薬品の処方等又は調剤に係る費用徴収その他必要な事項を当該保険医療機関及び当該保険薬局内の見やすい場所に掲示しなければならないものとする。

㈣ 原則として，当該後発医薬品のある先発医薬品の処方等又は調剤に係る費用徴収その他必要な事項をウェブサイトに掲載しなければならないものとする。

頁	欄	行	訂正前	訂正後
993	左	下から22〜21行目	ビメキズマブ製剤（4週間に1回投与する場合に限る。）	ビメキズマブ製剤（4週間を超える間隔で投与する場合を除く。）
993	左	下から16〜15行目	及びオゾラリズマブ製剤	，オゾラリズマブ製剤，トラロキヌマブ製剤，エフガルチギモド　アルファ・ボルヒアルロニダーゼ　アルファ配合剤，ドブタミン塩酸塩製剤，ドパミン塩酸塩製剤，ノルアドレナリン製剤，ベドリズマブ製剤及びミリキズマブ製剤
993	右	上から18〜19行目	及びグラアルファ配合点眼液	，グラアルファ配合点眼液，ゾキンヴィカプセル50mg及びゾキンヴィカプセル75mg
994	右	上から21〜22行目	有する者に限る。）	有する者に限る。）の支給を目的とする処方箋を交付する場合
1007	左	上から2行目	（令和6.3.5　厚生労働省告示第61号改正）	（令和6.8.30　厚生労働省告示第281号改正）
1016	左	下から24行目	〔次行に追加〕	⑶　パルスフィールドアブレーション用　681,000円
1020	左	上から20〜22行目	189 ヒト骨格筋由来細胞シート　⑴　採取・継代培養キット　6,480,000円　⑵　回収・調製キット　1枚当たり1,710,000円	189 削除
1020	右	下から17行目	〔次行に追加〕	228 培養ヒト角膜内皮細胞・調製・移植キット　9,464,500円　229 弁周囲欠損孔閉鎖セット　675,400円